学校事務職員の仕事術

結果を出してやりがいを実感！

坂下 充輝 著

明治図書

　学校事務職員が直面する特有の悩みや困難さは、「単数配置」「業務内容の曖昧さ」、そして、少し経験を積むと「やりがい」に関することです。一般的には、県庁や市町村役場の職員であろうと、教員であろうと、職場には仕事を教えてくれる上司や手本とできる同僚がいます。学校事務職員の多くも、漠然と同じようなイメージで就職してくる方が多いようです。

　ところが、いざ採用となると、早速、職員の給与事務手続きや財務事務など年度当初の繁忙期を迎えます。ですが、周りには仕事を教えてくれる同一職種の上司や同僚はいません。多くの場合は近隣校の学校事務職員や教育委員会事務局の担当者に仕事を聞いて、暗中模索で仕事を進めていかなければなりません。このときに、大きな悩みや困難さを感じるのは普通のことです。

　年度当初の繁忙期が一段落すると、「業務内容の曖昧さ」に悩むことになります。小中学校では各学校の教職員が少なく、書類作成といった机上の事務に留まらない様々な業務を担わないといけないため、悩みはより深くなります。

　そして、少し仕事に見通しをもてるようになる採用後２，３年が経過したときには、「やりがい」について悩むようになります。

　学校という職場は、子供の学びと育ちを中心にまわっています。教員と比べて、子供との直接的なかかわりが少ない中で、子供を意識しながら仕事をしなければならないため、自らの業務が曖昧なものと感じやすいのです。このことが、学校事務職員が「やりがい」とは何だろうと悩む一因にもなって

います。

　国立教育政策研究所の藤原文雄総括研究官によれば，「学校事務職員としての自らの仕事に対する考え方が大きく変わるような転機」は，採用後10年以内に経験することが多いということです。また，このような「転機」を迎えることができるかどうかは，その後の学校事務職員としての職業人生を左右する可能性もあるとのことです。

　つまり，採用から比較的時間が経たないうちの仕事への向かい方が，「転機」の経験と「やりがい」を感じられるかどうかに，重要な意味をもつのです。しかし，やりがいをもって仕事を行うための努力をしようとしても，単数配置の中，必ずしも十分な機会が平等に保障されているわけではありません。

　本書では，学校事務職員の業務のうち，様々な学校づくりにかかわる「教育環境整備」に着目し，その中でも授業を中心とする「学習環境整備」を重視して，具体的な事例を紹介しました。いずれも学びの質の向上を図り，「やりがい」を感じられるようにという願いをこめて執筆しました。

　本書が，学校事務職員をはじめ，全ての学校職員が「やりがい」を感じて仕事ができる職場作りの一助となれば幸甚です。

　2018年1月

坂下　充輝

＊本書では公立学校に勤務する事務職員を「学校事務職員」と表記しています。
　「学校事務職員」という表記は，法律上は存在しません。学校教育法などの法律
　上では「事務職員」という表記です。

CONTENTS

はじめに 2

第1章 学校事務職員の仕事イメージ

1 学校事務職員の役割 ……………………………………… 10
2 「学校」事務職員 or「学校事務」職員 …………………… 12
3 学校事務職員の業務範囲 ………………………………… 14
4 基本業務「人事・給与事務」……………………………… 16
5 雑務のとらえ方 …………………………………………… 18
6 教育環境整備と学習環境整備 …………………………… 20
7 児童・生徒に伝えたい学校事務職員の仕事 …………… 22
　COLUMN 1　校長からのバースデーカード …………… 24

第2章 教員と進める学習環境整備

8 授業見学のすすめ ………………………………………… 26
9 授業の質を左右する黒板の状態管理 …………………… 28
10 授業準備を助ける学校事務機器の整備 ………………… 30
11 ICT環境整備で学力向上 ………………………………… 32
12 施設・設備の使用方法のアナウンス …………………… 34
13 学校事務職員が担う小中連携 …………………………… 36
14 学校事務の共同実施を活用した出前授業 ……………… 38
　COLUMN 2　学校事務職員は学力を向上させられるか？ ……… 40

5

第3章 学習環境のユニバーサルデザイン化

15 通常の学級で活かす特別支援教育の視点 ……………………… 42

16 ユニバーサルデザインに基づいた学習環境整備 …………… 44

17 発達障害をもつ児童・生徒に対応する学習環境整備 ……… 46

18 児童・生徒のイライラを抑える教室の整理整頓 …………… 48

19 事務機器の整備と児童・生徒の学び ………………………… 50

20 学習障害をもつ児童・生徒に対応する学習環境整備 ……… 52

21 学習障害に対応する教材・教具の導入 ……………………… 54

COLUMN 3 ドイツ派遣から感じたこと① …………………… 56

第4章 学習環境整備が果たす規律確保

22 対応から予防に変化する生徒指導 …………………………… 58

23 いじめ，不登校の未然防止 …………………………………… 60

24 学校事務職員だからできる規律確保 ………………………… 62

25 授業に集中する環境をつくる整理整頓 ……………………… 64

26 チャイム着席定着のための時計選び ………………………… 66

COLUMN 4 ドイツ派遣から感じたこと② …………………… 68

CONTENTS

第5章 お金がかかわる教育環境整備

27 財務マネジメントと保護者負担 ……………………… 70

28 学校徴収金の未納放置 …………………………………… 72

29 児童・生徒の指導につながる督促業務 …………… 74

30 児童・生徒の学びのため避けられない支出 ……… 76

31 学校予算による教育環境整備 ……………………… 78

32 行政職の専門性を活かす就学援助 ………………… 80

33 就学援助業務で配慮すべきポイント ……………… 82

34 保護者がわかる文章作成 …………………………… 84

COLUMN 5 　学校評議員から離任時にいただいた手紙 ……… 86

第6章 地域とともにつくるより良い教育環境

35 学校に広報業務が必要なわけ ……………………… 88

36 学習環境整備に役立つ学校情報の発信 …………… 90

37 地域・保護者にわかりやすい学校広報 …………… 92

38 学校広報で注意すべき法的問題と正確さ ………… 94

39 学校と地域の連携・協働が必要なわけ …………… 96

40 行政職の強みを活かす地域との連携・協働 ……… 98

41 児童・生徒のための地域の連携・協働 …………… 100

42 学校と地域をつなぐ職業体験学習 ………………… 102

COLUMN 6 　新しい学校事務への期待 …………………… 104

7

第7章 人と人とをつなぐ教育環境整備

43 児童・生徒や保護者の声を知る学校評価アンケート ………… 106

44 教育委員会事務局や役所などへの学校要望 ……………… 108

45 信頼を維持する取引業者との関係づくり ………………… 110

46 校舎建設は学校事務職員の強みを生かす最高の場 ……… 112

47 シックスクール症候群への対応 ………………………… 114

COLUMN 7 「学習環境整備」へのこだわり ……… 116

第8章 デキる学校事務職員への道

48 教員の理解を得る丁寧な説明 ……………………………… 118

49 行政職の視点で行う校長・教頭のサポート ……………… 120

50 職員室の個人情報保護 …………………………………… 122

51 学校全体で取り組む個人情報保護 ……………………… 124

52 学校事務職員という病 …………………………………… 126

53 他職種から学ぶ毎日の職場内研修 ……………………… 128

54 学びに貢献するための職場外研修 ……………………… 130

55 若手学校事務職員の成長の姿 …………………………… 132

おわりに　134

第1章

学校事務職員の仕事イメージ

1 学校事務職員の役割

 ここがポイント！

学校は子供が学び育つ場所。学校での子供の学びと育ちの質を高めるために，学校事務職員は行政職の強みを活かして機能するという意識が重要。

 学校事務職員とは

　学校事務職員は行政職です。しかし，地方公務員の行政職の多くは県庁や市役所，それらの出先といった行政機関に勤務しています。そうしたなかで，学校事務職員は，学校という教育機関に勤務している部分が異なっています。その教育機関に勤務していることは，どういう意味をもつのでしょうか。

　教育基本法では，第1条で，教育の目的について「教育は，人格の完成を目指し，平和で民主的な国家及び社会の形成者として必要な資質を備えた心身ともに健康な国民の育成を期して行われなければならない。」と規定され，第5条では，義務教育の目的として「義務教育として行われる普通教育は，各個人の有する能力を伸ばしつつ社会において自立的に生きる基礎を培い，また，国家及び社会の形成者として必要とされる基本的な資質を養うことを目的として行われるものとする。」と規定されています。なお，教育基本法の第2条では，「教育の目標」について「教育は，その目的を実現するため，学問の自由を尊重しつつ，次に掲げる目標を達成するよう行われるものとする。」と規定されています。

学校教育目的はなく，学校教育目標があるわけ

ところで，目的と目標はどちらが上位概念でしょうか？　一般的には，「的（まと）」と「標（しるべ）」という漢字の違いも示しているように，目的は最終的に実現，到達しようとするものであり，目標は，さしあたって実現させたり，到達しようと目指したりしているものと考えられます。目的を達成するために設けた目印が目標であるともいえます。

こうした理解をすると，各学校に学校教育目標はあっても，学校教育目的が存在しない理由が理解できると思います。教育基本法に規定される教育の目的を達するために，文部科学省，都道府県教育委員会，市町村教育委員会，学校が存在しており，それぞれの実情を踏まえて教育目標を設定しているのです（ですから，一般的には各教育委員会が定めるものも，教育の目標や方針であって，目的ではありません）。

学校事務職員の存在意義

学校事務職員という行政職が学校という教育機関で存在する意義も，こうした理解の延長で考える必要があります。つまり，教員が大多数を占める学校という職場で，行政職としての機能の面から各学校の学校教育目標の実現を図る存在が学校事務職員であり，それらは，教育の目的を達成することに連なっているものである必要があります。こうした意味では，各学校で事務室運営計画（学校事務運営計画）を作成している場合，それが学校教育目標や校長の経営方針，年度の重点に沿ったもので，かつ，それらをより具体的に実現するための方策が書かれているものでなくてはなりません。

2 「学校」事務職員 or 「学校事務」職員

ここがポイント！

学校事務職員は，学校全体を見渡して，総務・財務などの専門領域で学校現場の唯一の行政職としての機能を発揮することが重要。

「学校」事務職員と「学校事務」職員の違い

学校事務職員のイメージや学校事務という業務の中心に対するイメージは，関係者はもとより，当の学校事務職員でさえ大きな差異があるようです。具体的には，お茶入れや電話取りであるというイメージ，教育委員会等からの照会への適正な処理・対応というイメージ，校長の学校運営を教頭や教務主任とともに支える立場として，総務・財務面から支えるというイメージなどです。

ところで，学校事務職員という職を考える際に，「学校」事務職員と考えるか，「学校事務」職員と考えるか，どちらでしょうか。前者では，「学校」という組織全体を見渡した事務を担う「事務職員」ととらえることになりますし，後者では，給与や経理の会計や庶務などの「学校事務」を処理する職員ととらえることになります。私見では，前者でとらえるべきだと考えています。

小・中学校を中心とした義務教育諸学校の学校事務職員の給与費は，設置者の市町村の財政規模に差異があっても，それに影響を受けないように国庫負担されています。同じ学校職員であっても，用務員などの現業職員は国庫

第1章 学校事務職員の仕事イメージ

負担がされていないなかで，教育職員や学校栄養職員と同様の措置です。これは，教員に加えて学校事務職員（及び学校栄養職員）も，学校運営に必要な基幹職員であるという理解を文部科学省が行っているからです（文部科学省資料より）。学校に配置する基幹職員である行政職としての事務職員の機能は，単に定型的な事務処理に留まるものではないと考えます。

事務を「つかさどる」職員へ

2017年（平成29年）4月に学校教育法が改正されて，学校事務職員の職務内容の規定が法律上で大きく変化しました。学校教育法では，これまでは教育職のほとんどが「○○をつかさどる」と規定されているなか，学校事務職員は「事務に従事する」という規定でした。それが「事務をつかさどる」という文言に改正されたのです。この趣旨は，改正について文部科学省から各都道府県・政令指定都市に通知する事務次官通知（28文科初第1854号）で，次のように説明されています。

> 今回の改正は，教育指導や保護者対応等により学校組織マネジメントの中核となる校長，教頭等の負担が増加する状況にあって，学校におけるマネジメント機能を十分に発揮できるようにするため，学校組織における唯一の総務・財務等に通じる専門職である事務職員の職務を見直すことにより，管理職や他の教職員と適切な業務の連携・分担の下，その専門性を生かして学校の事務を一定の責任をもって自己の担当事項として処理することとし，より主体的・積極的に校務運営に参画することを目指すものである。

「つかさどる」とは，一定の業務を自己の担当事項として主体的に処理することです。これを契機に，単に事務処理のレベルに留まるのではなく，児童・生徒のより良い学びのために校務運営に参画し，学校経営力の強化に資することが最も重要なことです。

13

3 学校事務職員の業務範囲

 ここがポイント！

学校事務職員が担うことができる業務について理解するとともに，そのなかで，自らの行政職としての強みを教育環境整備で活かすべきである。

 学校事務職員が担いうる業務

　学校事務職員が担う業務は，自治体によって差異もありますし，校長や当の学校事務職員の間でも，想像するイメージに差異や幅があるようです。学校教育法では，「事務職員は事務をつかさどる」と規定されていますが，そこでいう「事務」の範囲を，どのように理解するかという話です。これにかかわって，学校に存在する業務について，国立教育政策研究所の藤原文雄総括研究官は，2009年に私に下図のように説明してくれました。

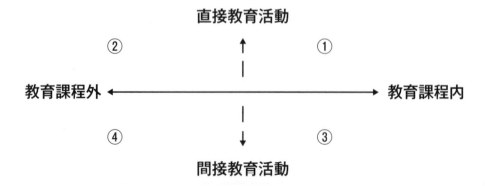

具体的には，①は，授業や学級活動，児童会・生徒会などの特別活動といった業務であり，②は，部活動や土日，長期休業中に実施される地域との連携行事といった業務，③④は，①②のそれぞれが円滑に実施されるための「ヒト・モノ・カネ・時間・情報」といった資源の準備・整理・調整といった業務です。

このなかで，いわゆる教員免許状をもった教員が専ら行うものが，①の部分です。逆にいうと，②③④は教員のみが専門とする領域ではなく，教員以外が業務を行うことが可能と考えうる領域であるといえるでしょう（地方公共団体によっては，部活等の場合，教員の引率を条件としている場合があります）。ですから，学校事務職員が担うことができる業務とは，教員免許状を所有する教育職員が担う児童・生徒への教育課程に位置づいた部分の指導と懲戒以外の全ての業務であると理解することもできます。

学校事務職員の主戦場

特に小・中学校の場合，多くが単数配置である現状では，学校事務職員が担いうる業務量には限りがあり，実際に，②③④の全ての範囲を事務職員だけで担うことができません。学校現場では，協業の発想をもって管理職や他の教職員と様々な業務を進めていくことになります。一方，学校事務職員の行政職という強みが活きるのは，特に③④の部分です（因みに，教育委員会事務局が担うのも，学校外からの③④ということになります）。

この③④の業務には，予算の執行や財産管理などの財務や，それらを通した学習環境整備，給与・福利厚生や職員事務などの庶務，さらに広報渉外があり，これらの業務を学校現場で専門的・中心的に担うのが学校事務職員と理解すべきです。

基本業務「人事・給与事務」

> **ここがポイント！**
>
> 人事・給与事務は，学校事務職員の基本的な業務の１つであり，規則等に沿って公平な対応を迅速に行う必要がある。そのことは，職員からの信頼にも大きく影響する。

学校事務職員にとっての人事・給与事務

　従来から学校事務職員の中心的な業務は人事・給与事務と会計事務と考えられてきました。しかし，学校事務職員の研究団体や職員団体の研究や取り組みの結果，財務マネジメントの発想による教育環境や学習環境の整備が，学校事務職員の中心的な業務であるという認識が主流になってきました。さらに，将来的には，マネジメントスタッフとして，広報渉外などの業務に中心を移動させていくべきだという考えも出てきています。

　しかし，今もなお人事・給与事務は学校事務職員の業務ですし，業務に占めるウェイトは小さいものではありません。特に，個々の職員の権利義務に直結しているために，管理職からも教職員からも，確実に業務を行うことが求められる「できないと困る，できて当たり前」と考えられる業務です。

　学校事務職員は，人事・給与事務を確実に行えてこそ，その次の段階で，現在，求められている学校経営参画という議論を行うことができるようになるというのが現実でしょう。

人事・給与事務執行の際の心構え

　人事・給与事務は，個々の職員の権利や義務に直結します。そのため，当然ながら，適正に法規に則ってどの職員に対しても公平に対応することが重要です。人事・給与事務を行う際に学校事務職員の対応の公平さに「ぶれ」があると教職員が感じると，不満・不安そして，不信が生じていくことになります。

　また，迅速で正確な事務処理も必要です。人事・給与の権利義務に関する事務手続きは，学校事務職員にとっては日常の業務の１つですが，申請する教職員にとっては，身辺に変化があった場合に行うことが多く，頻度が高いものではない場合が多いです。そうした申請者である教職員の側に立って，締め切りまで余裕があっても事務処理はできるだけ先に進めるべきでしょう。仮に，書類が学校から教育事務所等に提出する類の場合，万一，不備があって差し替えが必要なときにも，該当職員は相対的に余裕をもった対応ができることになります。

　さらに，学校事務職員が人事・給与事務を進めるなかで，校長・教頭が職員管理を行ううえで目に留めるべき情報でありながら，決裁時に素通りするような場合もあります。そうした場合に，職員の意向やプライバシーを踏まえながら，適宜，校長・教頭が必要な情報を認知できるよう付箋などを使う工夫をすることも，マネジメントスタッフの一員として必要となります。

　人事・給与事務で適正，公平，迅速な対応を積み重ねることは，学校事務職員として自らの業務を処理するというだけではなく，管理職や教職員が学校事務職員に対する安心感と信頼感をもつために重要なのです。

5 雑務のとらえ方

 ここがポイント！

「雑用という仕事はない」とはいっても，学校事務職員にとっても雑務は負担である。しかし，雑務（特に児童・生徒や保護者との関連があるもの）は重要であり，価値や意味を理解して業務を担うべきである。

 「雑用という仕事はない」とはいうものの

　学校事務職員は，財務や庶務を中心とした業務を担っていますが，その傍ら電話応対や来客応対などの雑用業務も存在し，それらに費やす時間は非常に大きいです。これまでも「雑用という仕事はない」といわれ，組織に備わる仕事としての雑用への向き合い方が説かれてきました。しかし，現実には，給与・旅費や契約等会計経理の事務処理を行っている時に，雑用のために寸断されるのは負担を感じます。

　私も，困難な計算や新たな起案を作成している時に舞い込んでくる雑用に対応するのは，大きな負担を感じます。しかし，他の職員も多くの場合状況は同じようなものでしょうから，可能な限り雑用を担うようにしています。その分，手を放したくない業務を行っている時には仕事を続けます。そして，機会をとらえて謝意やお詫びを伝えるようにしています。

雑用であっても,児童・生徒や保護者には大きな影響がある

 次は,知人から聞いた保護者として忘れ物を届けに行った際の話です。
 「忘れ物を学校に届けに行った際に,事務職員の方は快く忘れ物を預かってくれた上で,『●●君は毎朝,私にも元気に挨拶してくれます。ただ昨日,校内で頭をぶつけたと聞いていますが,どうですか?』と聞いてくれた。保護者として,行き届いた感じが良い対応に加えて,学校全体で情報が共有されているという意味でも,学校を信頼するきっかけになった。」
 教職員にとっては,数ある対応の1つであっても,保護者にとっては,数少ない学校との接点です。その際の対応は,保護者が学校にどのようなイメージをもつかに影響があり,ひいては学校への信頼にも直結します。
 別の例ですが,小学校に勤務する学校事務職員Oさんから聞いた話です。保護者から担任への電話をOさんがとったのですが,授業中であったため,伝えるべき要件を伺ったところ,「期限を過ぎた社会科見学のバス代600円について,次の給料日までの1週間,支払い期限を延期してほしい」という内容を切実に訴えるものでした。Oさんは,バス代の会計担当ではないので,要件を担任にだけ伝えるという選択もあったのですが,600円程度を払えない状態で1週間過ごすという点がただ事ではないと思い,教頭,教務主任,養護教諭にも伝えることにしました。そうしたところ,養護教諭も「そういえば今学期になってから,ほとんど毎日同じ服装である」と言い出し,状況を総合的に教頭が判断して,民生委員に伝えて対応していくことになったそうです。このケースでは,電話をとったのがたまたまOさんで,貧困問題と関連させて教職員組織内で情報を共有したことから,該当の児童のために学校で動くきっかけとなったのです。
 この2つの例のように,学校事務職員にとっては単なる雑用であっても,その対応によって児童・生徒の就学や保護者の信頼など,多くの面に影響を及ぼすことを理解できた時,雑用的な業務のとらえ方が変わってくるのです。

6 教育環境整備と学習環境整備

> **ここがポイント！**
>
> 学校事務職員は，教育環境整備がその主たる業務である。その教育環境整備のなかでも，学習環境整備で学校事務職員が果たせる役割は大きく，児童・生徒への影響も大きい。

 教育環境整備と学習環境整備

　教育環境整備という言葉は，狭義には各学校の施設や物品の整備・整理などを指すことが多いです。また，広義には教員が児童・生徒と向き合って行う直接教育活動以外の全ての校務を指すことが多いです。つまり，狭義の教育環境整備に加え，給与等の職員にかかわる庶務や，教科書・学籍事務，広報渉外業務など，「ヒト，モノ，カネ，情報，時間」といった学校の経営資源の調整と考えることができます。教育環境整備のうち，狭義の考え方に近いもので学習環境整備という言葉があります。

　学校事務職員の教育環境整備の役割のうち，最も重要な役割が財務と一連である児童・生徒の学習環境整備でしょう。学習環境整備については，学校事務職員の一部には，「学習指導は教員の業務であり，それに付随した事柄として，望ましい学習環境のあり方については，教員が考えるべき仕事であって，学校事務職員は，それらを調達・手配することからが仕事である」という理解をする人がいます。

　しかし，教員の側から言うと，教員としての自らの仕事は子供と向き合うことであり，具体的には授業（教科指導）や生徒指導，特別活動を通して児

童・生徒に指導することであると考えている人が大多数でしょう。実際に一般的な教員の研修講座は，授業力向上や児童・生徒との向き合い方に関するものが多くの割合を占めます。そうなると，学校事務職員の側からも，教員の側からも，学習環境整備は自らの職の本来的な業務領域と考えられない空白領域となるのです。結果的には，望ましい学習環境の下で学習を行えず，児童・生徒に不利益が生じることになります。言うまでもなく，こうしたことは避けなければいけない事態です。

学習環境整備の意義や価値

　子供たちが学習する環境（学習環境）は非常に重要です。学校の至るところに，児童・生徒に影響を及ぼす学習環境要因があります。整理整頓された環境で学校生活を送ると，児童・生徒は落ち着いて学習活動に向かうようになり，一方，雑然とした環境で学校生活を送ると，児童・生徒の落ち着きはなくなります。

　この整理整頓を例にとると，様々な要因が阻害する可能性があるのです。例えば，①整理整頓を行わない教職員体制が問題の場合，②施設や備品の仕様として整理整頓が行いづらい場合，③施設や備品に破損等の状況があり整理整頓を行いづらい場合など，様々な要因が考えられます。

　整理整頓の他にも，児童・生徒の学習理解がしやすいという視点からの教材の導入や，教室環境整備，発達障害等の視点を踏まえた環境整備など，様々な点から学習環境整備は図ることができます。それらは，学校事務職員が業務領域とすることで，大きな改善が見込まれる分野だと考えられます。

7 児童・生徒に伝えたい学校事務職員の仕事

 ここがポイント！

学校事務職員は，児童・生徒に直接的にかかわる業務ではないが，教員でないがゆえに，その存在から伝えられたり，担えたりすることがある。児童・生徒のためになることを支障のない範囲で行う意識は重要。

 児童・生徒が学校事務職員の存在を認識する意義

　児童・生徒にとって，学校事務職員がどういう存在かは，学校種別や学校規模によって，相当の差異があるでしょう。私自身，学校事務職員は，個々の児童・生徒を踏まえた業務を行う必要は，原則的にはないと考えていました。しかし，経験を重ねるにつれ，学校には学校事務職員という職業の人物がいて，一定の仕事を担っていることを児童・生徒が理解することの意義も，徐々に考えるようになりました。実際の社会は，多様な職業や様々な仕事があった上で成り立っているということを，児童・生徒なりに理解できることは，これからの教育で特に求められる多様性の確保の視点からも大切なことであるという考えからです。

　学校は教員だけで構成されるわけではないですし，警察組織も警察官だけで構成されません。しかし，社会に実際に出ていない児童・生徒は，そのことを認識しづらいことと思います。そうしたなか，学校で様々な仕事が存在していることを発達段階に応じて認識することは，職業観の育成の観点も含めて大きな意味があると考えられるのです。特に，学校事務職員が担ってい

る財務や庶務といった業務は，組織運営に不可欠な業務であるので，なおさら児童・生徒が認識する意味は高いものといえるのではないでしょうか。

児童・生徒の良さを認める存在として

　児童・生徒には様々な良さや課題があります。その良さや課題をできるだけ多く見つけ出して，褒めたり必要に応じて指導したりしながら，より良い成長につなげる役割を教職員は担います。そうした機能は，専門性を有している教員が主として担う部分です。しかし，教員は，免許職であるために集団の同質性が高く，児童・生徒の見方も，専門性があるがゆえに似たような視点からのものになる恐れがあります。

　そうしたなかで，学校事務職員は，教員でない立場を基本に，就学援助の認定の有無や学校徴収金の納入状況の情報を踏まえた上で，児童・生徒を見て，別の視点からの良さや課題を認識できる貴重な存在でもあるのです（この際には，あくまで，学校事務職員は児童・生徒について気づいたことや感じたことを教員に伝えて，それ以後の対応を任せることは必要です）。より良い成長に向かう児童・生徒が校内に1人でも生まれるとしたら，他の業務に支障がない範囲で，こうした機能を果たすことは大きな意味をもつことです。

　もちろん，財務や庶務，広報渉外といった学校事務職員が担う業務が優先されるべきです。それでも，「職名と氏名の入った名札をする」「登校時，玄関で挨拶に立つ」「ホームページ等，学校広報のための写真を撮る」など，児童・生徒の目に姿が見える業務を担うだけで，児童・生徒との縁はできるものなのです。私の中学校勤務時の経験ですが，中学校卒業後に高校2年になった生徒が，「学校事務職員になりたいので，なり方を具体的に教えてください」と訪ねて来たときには，感慨深いものがありました。

COLUMN 1

校長からのバースデーカード

　国立教育政策研究所の「小中学校の学校事務職員の職務と専門的力量に関する調査報告書」（2015年3月）では，学校事務職員が職業的転機を得たきっかけとして多かった選択肢として，「校長・副校長・教頭など管理職との出会い」が，「他校の学校事務職員と出会い」についで，多かった回答でした。

　私自身をふり返ってみても，調査結果と同様に，学校事務職員の先達や校長等から，時期に応じて期待をかけられ，評価をされたことが，士気の維持・向上に大きく影響してきました。最近も現任校の川端宏治校長からいただいたバースデーカードに，「つかさどる」時代の事務主任に対する校長として期待する役割が，具体的かつ簡潔に記されていて，嬉しかったので，それをご紹介します。

　お誕生日おめでとうございます。チームとしての学校を標榜する事務主任として，本校の学校運営に深く関わっていただいていることに心から感謝しています。学校が前に進むためには教職員の仲が良いだけでなく，互いにレベルアップできる適度な刺激が必要だと思います。事務主任という立場から，そんな役割も意識していただけると大変うれしいです。今後ともどうぞよろしくお願いたします。

　読者の中には，こうした管理職との出会いが未だもてずに悶々とした日々を送る方もいると思いますが，巡り合う時機を待つまでの励みになれば嬉しいです。

第 2 章

教員と進める
学習環境整備

8 授業見学のすすめ

ここがポイント！

児童・生徒の学びと育ちの場の中心は授業にある。見学などにより，実際の授業の場を知ることで得られるものは大きい。

学びと育ちの場の中心は授業

　学校事務職員の一部には，自らは事務職員だからとして，児童・生徒の学びや育ちには，積極的にかかわらないという人もいます。しかし，学校は，児童・生徒が人格の完成を図り，国家・社会の形成者として必要な資質を学び，育つ場です。そう考えると，学校事務職員は，業務を遂行する上でその主役である児童・生徒を念頭に置くのは当然です。また，その児童・生徒の学びと育ちの中心の場は日々の授業です。ですから，学校事務職員も，可能な限りその中心の場である日々の授業を見る機会を大事にすべきです。

　もちろん，授業の主役は児童・生徒であり，一般的に教員はより良い授業を行うために大きな努力をしているので，児童・生徒にとっても教員にとっても授業の支障にならないことが前提なのは，言うまでもありません。しかし，そうした条件が許す限り，授業を行っている場を見るべきだと思います。その際に，教員によって授業公開についての意識には差があるため，予め教員の意向を感じておくのが良いでしょう。

　私は，学校のホームページの担当者として授業中の写真を撮影することと兼ねて，各クラスを2，3分程度見ることを原則に，理由があったときに，

10〜15分程度見る場合が多いです。その際には，児童・生徒の授業への集中度合いや授業内容，教員の考え方によって，教室の中や廊下からなど，見る場所を変えています。私自身の複数の学校での経験では，こうしたことを重ねていくうちに，「是非，●●の授業を見に来てほしい」と伝えてくる教員も出てくるようになるものです。

授業の何を見るか

　学校事務職員として授業を見る際は，様々な視点をもつことで，より効果的なものになります。教材が実際に使用される場面に直に触れることで，児童・生徒の反応や，教員の実際の活用の工夫を確認できます。逆に，教材が教員にとって使いづらかったり，児童・生徒にとって利用しても見えづらかったりといった，弱点も確認できます。

　また，教室の蛍光管切れやドアや窓のがたつき，温度状態などといった施設設備の状況や，実物投影機やDVD教材を提示するモニタ画面が児童・生徒の座席から見やすいか，黒板の汚れが目立つ場合には黒板消しクリーナーが整備不全になっていないかといった備品の状況についても，直に確認できるのです。

　さらに，就学援助等の世帯や学校徴収金の未納の世帯の児童・生徒について，授業中の様子に変化がないか，という点も注意すべきです。世帯の経済状況は児童・生徒に学力面でも生活面でも大きな影響がありますが，教員はその点の認識が欠けがちです。数学の授業で，いつも居眠りをしている生徒がいました。実は，経済的事情により，コンパスを用意できていなかったのです。こうしたことを学校事務職員が気づき，教師と共有していくことで，児童・生徒にとって，望ましい教育の実現が可能となることがあるのです。

9 授業の質を左右する黒板の状態管理

ここがポイント！

最も使用頻度が高い黒板が綺麗に維持できているかは，児童・生徒の教育に大きな影響がある。それを可能にするかどうかは，黒板消しクリーナーの状況が関係してくる。この例のように，学習環境整備は授業や教育に大きく影響する。

 黒板を綺麗に消すことの重要性

　ある小学校の研究授業で，若手のT教諭が授業を行いました。授業後の授業反省会で，T教諭は教頭から黒板の消し方について指摘を受けました。授業開始の時点で，板面が均一に消されていなかったため，全体に白みがかって見える上に，消しムラが目につく状態だった点についてです。教頭は，日頃からT教諭の授業の開始時点の黒板の状態には，課題を感じていたそうです。実は，研究授業を見ていた事務主任のMさんも同じ感想をもっていました。

　このような状態では，児童から黒板が見えづらくなり，特に日の当たりが強いと，板面の白みは反射を増やし，一層見えづらくなります。さらに，視力に問題がある児童・生徒にとっては，なおさら問題は大きくなります。

　児童・生徒が学校にいる間，視覚に入っている時間が最も長いのが黒板の板面です。その状態が，きちんと消されていないとすると，雑然とした状態が絶えず視覚に入ります。これでは，整った状態が当たり前であるという意識の醸成が図れず，規律感の育成に良い影響はありません。また，発達障害の児童・生徒にとっては，落ち着きを失う原因の1つにもなり得ます。

第2章　教員と進める学習環境整備

　交流反省会の終了後，Ｔ教諭は，席が並んでいる教頭とＭ事務主任の所に来て「実は，僕なりに黒板を綺麗にしようとしているのですが，黒板消し自体が綺麗にならないせいか，今一つ効果が上がらないのです。」と話したのです。

学校事務職員にとっての板面の維持

　Ｔ教諭が黒板を綺麗にしようと全くしていなかったわけではなかったのです。Ｔ教諭の学級に備え付けられた黒板消しクリーナーが，老朽化によって吸引能力が落ちていたために，黒板消しに付いたチョークの粉を十分に落としきれないことが大きな原因だったのです。Ｍ事務主任は愕然としました。
　この事例からわかるのは，黒板消しクリーナーという学習環境の整備状況が，授業の成功ひいては児童・生徒の教育の効果に，大きく影響を及ぼすことです。学校事務職員による学習環境整備が行き届いたものであるかどうかは，授業の成功や教育の効果について，一端を担っているのです。こうした意味では，授業や教育は，直接それを行う教員と，学習環境整備を担う学校事務職員が（同じ意味で現業職も），協業して成功に導けるものといえます。
　私も同じような経験をしたことがあります。勤務していた学校の１階にある理科室の黒板の板面が，いつも汚かったのです。気になった私は，教頭に理科室の清掃指導担当の教員に改善を指導したほうがいいのではないかと話しました。すると，教頭から「言う通りなので指導しましょう。ただ，１階には黒板消しクリーナーが１台もないので，２階まで上がらなければならず，面倒と感じる事情が想像できます。だから，理科室に黒板消しクリーナーを整備してもらえないでしょうか」と話がありました。私は，自らの至らなさに赤面しました。
　こうした事例は，黒板消しクリーナーに限らず，それぞれの学校で様々に存在すると思われるので，学校事務職員として絶えず注意していくべきです。

29

10 授業準備を助ける学校事務機器の整備

> **ここがポイント！**
>
> 学校事務職員が事務機器の選定を行う場合には，導入時のコスト，ランニングコスト面に加えて，性能や機能が教員の業務にとって効率的であるかどうかや児童・生徒の学びへの影響を踏まえて行うべきである。

学校における事務機器の意味

　学校に備える事務機器は印刷機，コピー機を始め，ラミネーターやシュレッダー，帳合機など多岐に及んでいます。これらを整備する目的は，「教職員の校務の効率化を行い，より質の高い学びの実現に資する」という視点を第一にするべきです。しかし，私自身過去を振り返ると，事務機器の導入の際に，「ランニングコスト」に偏って考慮していたことがありました。

　印刷機やコピー機の機種選定の際には，より紙詰まりが発生しにくい機種があっても，そのランニングコストが高い場合には，相対的に少し紙詰まりしやすい機種であっても排紙スピードを遅くすれば紙詰まりは発生しづらくなるので，後者の導入を進めたことがありました。ランニングコストが安いことで，浮いた経費で教材等の整備を図ろうと考えたのです。

　しかし，教員にとっては，動作の速さや安定性は大きな事柄なのです。授業時間の間の僅かな5分間で，印刷機やコピー機を使用して次の時間の授業の配布資料をプリントしようとする際に，処理能力が低いと使用できない教員が生じます。仮に紙詰まりが発生すると，1人も配布物の準備ができない

結果になります。それでも、経験が浅いころの私は、前日までに準備していない教員の姿勢に問題があると考えていました。しかし、経験を重ねるなかで捉え方が変わりました。なぜなら、その授業で使用しようとしていた資料が配布されないという結果は、児童・生徒の学習理解に大きな影響を及ぼすからです。

コピー機の枚数制限は，時と場合を考えて

　コスト削減を優先してしまった仕事の例では、過去にコピー機の１度の使用枚数制限を行ったこともありました。導入されていたコピー機と印刷機を比較したときに、概ね15枚以上になると、印刷機のほうがコスト的に安価なため、張り紙までしてルールを徹底していました。

　税金を原資にしている以上、ランニングコストを踏まえ無駄な支出の削減を考慮するのは必要です。しかし、税金を原資にするという点を考えたときには、児童・生徒の学びの成果や、教員の業務の時間コストも考慮すべきです。その学校の諸状況のなかで、最も効果が上がるようにそれらの調整を図るのが、学校事務職員に求められる業務ではないかと考えるようになりました。

　２つの例に共通して考えられますが、事務機器の性能や機能のせいで、準備が授業時間に食い込んで、教師が２〜３分遅れて教室に行くようなことになると、45分や50分しかない授業時間の５％を占める大きなロスだと考えるべきです。演習問題をもう１題取り上げたり、最後により丁寧にまとめをしたりする時間があるかどうかといった差になるからです。こうした視点は、例えば、コピー機の帳合機能やラミネーター、裁断機、紙折機の処理速度や処理能力など、学校に導入する事務機器全般について、考慮されるべきものだと思います。

ICT 環境整備で学力向上

 ここがポイント！

ICT 環境の整備は，その活用自体でより学習理解が深まる効果と，時間を生み出して，その時間で学習を深める効果がある。そのことを踏まえて，学校事務職員は率先して ICT 環境の整備を進めるべきである。

 学習の質を向上させる ICT 機器の活用

　児童・生徒が学校で過ごす時間で，一番大きな割合を占めるのが，授業時間です。一般的に小学校では45分，中学校では50分という1コマの時間は同じです。しかし，その1コマの時間は，教育環境の整備によって指導に充てられる時間が多くも少なくもなります。代表的なものは，ICT 環境の整備です。

　授業の効果的な場面でのタブレット PC や実物投影機の活用は，児童・生徒の学習理解を高められます。例えば，中学校技術科の授業で，はんだごての使用方法を教師が説明しようと模範動作を行って手元の動きを見せるときに，実物投影機を用いて大きく見せられると，一度に多くの生徒に細かな動きまで（しかも，どの生徒にも同じ角度からの見え方で）伝えられます。

　もし，実物投影機の整備がなければ，手元の細かな動きが実際に見えるのは，教卓のごく近いところにいる数人の生徒だけであり，生徒全員に十分な学習理解を期待できません。だからといって，全員の生徒が見えるように数人の生徒を教卓の周りに呼んで模範動作を見せることを何度も繰り返すとい

うのでは，授業が進みません。一度に多くの生徒が「百聞は一見にしかず」で理解ができると，短縮できた時間を，復習をしたりレベルの高い学習に取り組む時間に充てられるようになるのです。

 ICT機器を使いやすくする工夫

　ICT機器の整備にあたっては，教員が感じる「授業の前の設置作業」の困難さについても注意すべきです。ここで困難さを感じると，ICT機器を活用すること自体に負担を感じてしまいます。特に，従来からの視聴覚機器ですら使用してこなかった教員は，負担を大きく感じます。しかし，そうした教員もICT機器を授業に活用することを避けられません。なぜなら，これからの「新しい学力」はICTの活用も行わないと，児童・生徒は学びきれない内容だからです。

　ですから，学校事務職員には，設置などにかかわる困難さを解消するような工夫が求められます。可能であるなら，実物投影機やプロジェクター・モニターについては常設するべきです。なぜなら，教師にとっては設置のための時間が勿体無いからです。仮に，授業の冒頭3分間が機器設置に費やされたとすると，授業時間の5％がすでに損なわれていることになるのです。年間70コマの教科では，年間210分（45分授業換算で4.6コマ分）が無駄になっているのです。仮に，財政上の理由などで常設ができなくても，十分な長さのある接続ケーブルや電源ケーブルを用意することや，簡単な接続マニュアルの類を作成することで，少しでも接続の困難さを減らすような工夫が可能です。

　ICT機器について，学校事務職員がその活用による教育上の効果を予め教員以上に認識し，その意識をもって整備を担うかどうかで，児童・生徒の学びは大きく変わります。教員に働きかけを行ったり，協働したりしながら，ICT機器の整備と活用の促進のために機能を果たしていくべきです。
（執筆にあたり東北大学大学院堀田龍也教授の講演を参考にいたしました。）

12 施設・設備の使用方法のアナウンス

 ここがポイント！

施設・設備の維持で留意すべき点には，安全を確保する面とより望ましい学習を支援する面とがある。どちらの面でも，教職員がその利用（操作）方法を知っていないと機能は発揮できないので，その周知は重要である。

 施設・設備とその機能

　学校施設設備と学校事務職員のかかわりでは，２つの視点を念頭に置くべきです。１つは，児童・生徒が安全・安心に学ぶことができる状態の維持という点であり，もう１つは，児童・生徒が学習する環境としてより望ましい状態に維持できているかという点です。

　しかし，特に小中学校では学校事務職員の多くが一人配置の状況にあり，学校事務職員だけでは，学校の施設設備にかかわる業務は担いきれません。児童・生徒の学校での学び育ちに直接的にかかわるものであるために，広く教職員全体で，その意義や実際の管理方法，維持方法について共通理解を図っていることが，児童・生徒のためには必要です。

　例えば，児童・生徒が教室で学ぶ際には，様々な施設設備が適切な状態でなければなりません。採光性では照明設備，静穏性では扉や窓のがたつきや蛍光灯の安定器からの異音などが関係します。また，教室の温度環境は，暑すぎたり寒すぎたりすると児童・生徒の集中力に大きく差が出ます。児童・生徒の学習のためには，様々な面での教室の学習環境への注意が必要ですが，

第2章　教員と進める学習環境整備

実際には，学校事務職員や教頭が常時確認していることは不可能です。ですから，広く教職員が，教室の学習環境の重要性を認識し，そのための設備等の操作方法について理解をすることが重要です。こうした場面でも学校事務職員は役割を果たせます。

学校事務職員として意識するべきこと

　学習環境の面での施設設備についての認識を高めるために事務職員が行えることには，意外と初歩的な内容もあります。教室の温度環境を例にすると，各教室には換気扇や暖房機がありますが，それを使用して教室温度を調整することを，その重要性の点からも，その操作方法の点からも，知らない教員が意外と存在します。実際に教室が暑いとは思っていたが，集中制御のため教室では調整ができないと思っている教員が存在するといった話を，多くの学校事務職員の方から聞いています。

　ですから，学校事務職員が，その改善のための方策を講じることが重要なのです。具体的には，校内研修会の場面で自らが講師になって操作方法の説明を行うことや，日常の業務の中で個別に教員に伝えたり，さらには，施設設備の維持の留意点と操作方法を，できるだけシンプルに記したプリントを作成して配布したりすることが考えられます。

　これらのことを学校事務職員が業務として意識的に担わないとすると，他の誰の仕事でもないため，その学校ではおざなりにされてしまいます。児童・生徒の学びは，こうした教職員の認識が変わると，大きく改善します。必ずしも，研修や操作説明会といった形にこだわらずに，日常の業務の中で説明していくということも，とても大事です。

13 学校事務職員が担う小中連携

ここがポイント！

義務教育9年間を通した学びを実現する小中連携の強化のために，学校事務職員は，学校や共同学校事務室（共同実施）などで多くの役割を担える。小中両方に勤務できる立場や，行政職としての調整力を活かせる場面は多い。

小中連携で高まる事務職員の責任と権限

　平成28年度から義務教育学校の設置が可能になりました。その趣旨は，義務教育9年間を見据えた一貫したカリキュラムを編成した教育を実現して，現代の子供に合った質の高い教育を実現することです。義務教育学校の制度の開始は，既存の小中学校にも，小中の連携を今まで以上に意識しなくてはいけないという認識の変化を及ぼすでしょう。そして，小中連携の取り組みが，これまでのイベント的な交流の段階から進んで，徐々に学習の系統化や生活規律上の指導重点の共通化など，義務教育9年間を通して実施するメリットを意識した内容になっていくことが求められるでしょう。

　学校事務職員の配置についても大きな影響があります。義務教育学校については，小中学校それぞれの教職員定数を合算するので，原則的に学校事務職員の配置は2名以上となります（養護教諭も同様）。このことは，小中学校の事務職員が背負っていた単数配置の弊害から脱却し，責任と権限を伴った業務にあたることが可能になることを意味します。

第 2 章　教員と進める学習環境整備

小中連携の具体的な取り組み

　今後，一般の小学校や中学校で進展する小中一貫教育には，学校事務職員の強みが発揮できる様々な要素があります。学校種ごとの教員免許を前提に採用される教諭や，そのほとんどが教諭という職から任用される校長，教頭は，ほとんどの場合，所有している教員免許の学校種でのみ職業生活を送っています。そのため，小学校と中学校で異なる文化土壌の実際には考えが及びづらいのです。小中連携を教員同士でのみ進める際には，こうしたことに起因する様々な行き違いが生じ，結果的に小中間の連携を阻害する可能性が多々あるのです。一方，学校事務職員は，ほとんどの場合，小中の両校種を渡り歩く存在であり，それぞれの学校の文化土壌を認識しています。ですから，小学校と中学校の教職員集団を「つなぐ」役割を果たしうる可能性があるのです。

　加えて，学校事務職員には，学校事務の共同実施や，共同学校事務室といった学校間が連携する制度が公に存在します。これらを中学校区単位の取り組みとして，中学校区内の小中学校が連携する際の事務局機能を果たすこともできるでしょう。教員免許がなくてはできない児童・生徒への直接的な指導を除いても，多くの業務が小中連携の推進には必要です。

　具体的には，中学校教員が小学校に出向いての出前授業の実施，小学校教員が中学校に出向いての補習指導，小学校 6 年生の中学校訪問，小学校 6 年生への中学校説明会，小学生部活動体験会などのイベント的なものを実施する企画・調整から，中学校区内小中日程一覧表の作成，中学校の学校公開日の小学校保護者への案内，など日常的なものまでの業務が多々あるのです。

　これらを学校事務職員が共同実施や共同学校事務室を活用しながら担うのは，単に教員の業務軽減からではなく，むしろ，児童・生徒にとっての良い成果を生むために学校事務職員が担うべきものだからです。

14 学校事務の共同実施を活用した出前授業

 ここがポイント！

学校事務職員が共同実施（共同学校事務室）を活用して小中連携の事務局を担うようになると，出前授業などの実施をする際に，教員の負担感を減らすだけでなく，より質の高い取り組みにできる可能性がある。

 学校事務の共同実施と小中連携

　私が中学校に勤務していた時の3小・1中の中学校区での学校事務の共同実施の取り組みは，指導や教務の領域を含んだ小中間の連携（小中連携）の事務局として，企画や調整，庶務の機能を担うことが中心でした。こうした方向を示した校長の思いは，学校事務職員が加配された共同実施で，単に旧来からの給与や経理について取り組んでいては，効果は学校事務職員に上がるだけであり，そうではなくて，直接的に教育の質の向上を図るものであるべきだというものです。

　一見，小中連携は児童・生徒への指導にかかわるため，教員が中心になって担うものであると考えがちですが，教員が連携したり協力するためには，その前段で，目的や趣旨の整理といった企画的な事柄から，会議やイベントのための準備といった事務的，庶務的な事柄まで，整理したり処理しておいたりすることが多く存在します。こうした部分は「指導」ではないため，学校事務職員でも担いうると考えました。さらに発想を進めて，関係者の調整や企画準備などは行政職の強みを活かせる業務であり，また，小中どちらの

視点も持ちうる学校事務職員が小中連携の事務局を担ったほうがより望ましいと，中学校区内の各校長と学校事務職員とで共通認識したのです。

学校事務の共同実施を活用した学校事務職員による出前授業

　学校事務の共同実施が小中連携の事務局の機能を果たした取り組みで印象深いものの1つに，小学校6年生に対する中学校の出前授業があります。
　小中の教員の打ち合わせは事前に1回しかもてませんが，その際に行うことは，例えば，教師の移動方法や控室の有無，使用教材の準備と配置などたくさんあるのです。1回だけの教師の打ち合わせがスムーズに進むように，これらを事前調整したり，管理職や小中の担当教諭の意向を整理したりしておくのです。また，可能な限り教師間の打ち合わせにも同席します。例えば，小学校と中学校の授業時間に5分差があることは，教師同士では気づきません。小中両方に勤務する学校事務職員は，そのような細かな点を理解できるのです。
　また，出前授業当日にも，授業で使う物品の準備や学校ホームページなどの学校広報のための写真撮影を行いますし，授業後の後片付け，さらに数日内には6年生児童の出前授業の感想を集計して，感想を小中間で共有して，今後につなげるようにすることなど，指導以外の業務が多く存在するのです。
　このように，小中連携のうちの出前授業の実施を例に考えてみると，事前，当日，事後にわたって，ヒト，モノ，カネ，時間，情報について小中にまたがる調整が必要なことがわかります。これだけの調整を教員が担うとすると，自校の児童・生徒と向き合う時間を犠牲にする矛盾に陥ります。ですから，今後，学校事務職員が学校事務の共同実施（共同学校事務室）を活用して，小中連携を主体的に担い，機能を果たしていくことも，行政職の機能の1つとして一考の価値があるのではないでしょうか。

COLUMN 2

学校事務職員は
学力を向上させられるか？

　学校事務職員も職務を通して学力向上に寄与できるとしたら，学校に勤務する行政職として最も喜ばしいことです。もちろん，直接，指導するという面では，学力を向上させることはできません。

　しかし，学校事務職員が，業務上で児童・生徒や教職員への働きかけを通して意欲を向上させることで，結果的に学力向上を図ることが可能だと私は考えます。かつて勤務した学校で右表の通り全国学力・学習状況調査の結果が改善していきました。

　この結果について国立教育政策研究所生徒指導・進路指導研究センターの藤平敦総括研究官

	平成21年度	平成25，26年度
国A	県平均以下	全国平均以上
国B	県平均以下	全国平均以上
数A	県平均以上，全国平均以下	全国平均以上
数B	県平均以下	全国平均以上

3年の県平均は国，数のA，Bとも全国平均以下

と，この間の生徒や保護者に対するアンケート結果の推移などを調査したところ，学校事務職員の働きかけが学習環境を良くした事実が認められ，学力向上との相関関係が考えられました。

　つまり，学校事務職員が情報発信や地域連携といった広報渉外業務を担うことで，加えて，教材の効果的な活用のための工夫を担うことで，①教員の業務負担軽減により，生徒への指導の時間が増加，②家庭・地域の学校に対する信頼が深まり，学校生活に関心が高まる，③教員の動きをつくることで，教職員の共通実践が進んだ，という①〜③が，結果に大きな影響をもたらしたと考えられるのです。

（アンケート数値詳細は，月刊「学校事務」2016年3月号（学事出版）の拙稿参照）

第3章

学習環境の
ユニバーサルデザイン化

15 通常の学級で活かす特別支援教育の視点

 ここがポイント！

発達障害などの特別な支援が必要な児童・生徒は，通常の学級にも一定数，存在する。これらの児童・生徒に対応した教育を行うことは，学級全体にも効果的であり，そのことを，学校事務職員も認識する必要がある。

 特別支援教育の視点を通常の学級で活かす

通常の学級のなかに発達障害の可能性のある児童・生徒がいる割合について考えたことはあるでしょうか？ 文科省の調査では，約6.5％とされています（2012年に公表された52,000人1200校の抽出調査）。つまり，発達障害の可能性がある児童・生徒が，通常の学級1クラスに2～3人存在するということになります。

発達障害の児童・生徒は，集中力の持続などに困難があり，落ち着いて授業に臨み続けられない場合が多くあります。発達障害の児童・生徒が，通常の学級で落ち着いて学習できるかどうかは，教員がスムーズに授業を行えるかどうか，ひいては，該当の児童・生徒以外がスムーズな授業をうけられるかどうか，にも影響があります。

このことからもわかるように，特別支援教育の視点による指導は，特別支援学校や特別支援学級でだけで行われるべきものではなく，通常の学級の指導でも，その視点を活かした教育が行われるべきです。

第3章　学習環境のユニバーサルデザイン化

 個々の児童・生徒に応じた教育と学校事務

　私自身もつい数年前までは，特別支援教育というと，一昔前の「特殊教育」と大差ないものであると理解をしていました。そういう理解を改めるきっかけになったのが，ニュージーランド出身のALTとの何気ない雑談でした。私がALTに，どうして今の日本でのALTという仕事を選んだのかと拙い英語で聞いたところ，彼は「Because I'd like to become a teacher of special support education at an elementary school.」と答えたのです。この時に，ALTが特別支援教育をspecial support educationと表現したことで，「個々の児童・生徒に応じたspecialなsupportを提供する」のが特別支援教育であると理解ができるようになりました。「個々の児童・生徒に応じた教育」は，特別支援教育だけでなく，通常の学級における授業でも重要なことだからです。

　また，個々に応じた教育という点を重視する例として，横浜市の小中学校では，いわゆる特別支援学級を，「個別支援学級」としているそうです。特別支援教育の考え方の本質を捉えるのに参考になる考え方です。

　私は，過去に，教員は個々の児童・生徒を見据えて業務を遂行するのに対して，学校事務職員は児童・生徒全体を見据えて業務を遂行する存在であると考えていました。そういう意味では，特別支援教育の考え方は，学校事務職員の業務には距離があるものだと認識していました。

　しかし，児童・生徒全体は，個々の児童・生徒の集まりです。個々に応じた教育を重ねた末に，児童・生徒全体にとって望ましい教育がある，という理解をするようになった時に，児童・生徒全体を見据える存在である学校事務職員にとって，特別支援教育の考え方が不可欠なものであると考えるようになったのです。

16 ユニバーサルデザインに基づいた学習環境整備

 ここがポイント！

ユニバーサルデザインに基づいた学習環境整備を図る際には，環境の工夫，情報伝達の工夫，教材・教具の工夫など学校事務職員が中心になる業務が多い。

 特別支援教育の視点を活かす学校事務

　特別支援教育の考え方は，通常の学級の指導においても参考になる点が，多く存在します。また，特別支援教育の考え方である「個々に応じた支援」という点を主眼にし，結果的に全ての児童・生徒にとって望ましい状況となるように工夫，配慮された授業は「ユニバーサルデザインに基づいた授業」とも呼ばれます。

　そのポイントとしては，
①環境の工夫（落ち着いた学習環境）
②情報伝達の工夫（児童・生徒へ伝わる伝え方）
③活動内容の工夫（児童・生徒一人一人が主体的，意欲的にかかわる教育活動）
④教材・教具の工夫（興味・関心を惹く教育活動）
⑤評価の工夫（児童・生徒が能力を出し切れることにつながる評価のあり方）
が挙げられます。この①〜⑤の中に，学校事務職員が中心業務とする学習環境整備や財務マネジメントの業務そのものといえるものが複数存在している

第3章　学習環境のユニバーサルデザイン化

のです。

 学校事務の具体的なかかわり

　①の「環境の工夫」は，学習環境整備そのものともいえます。発達障害の児童・生徒の中には，環境に敏感な児童・生徒が多く存在します。そうした子供たちは，教室環境が未整備，乱雑であると，その情報に気をとられて，予期しない行動を引き起こすことがあります。

　②の「情報伝達の工夫」は，板書や発問など教員の指導方法の視点が中心となりますが，それを支えるために，チョークの色や材質への配慮，黒板に掲示するためのマグネットシートの準備，カーテンの遮光状況など，学校事務職員の理解の有無が，その成否に大きく影響を与えます。

　④の「教材・教具の工夫」は，財務マネジメントの発想による学習環境整備そのものです。その学習集団や個々の児童・生徒の特性を踏まえて学習環境を整備していくことは，学校現場に配置されている行政職である学校事務職員の業務の最も醍醐味がある部分です。

　つまり，児童・生徒の特性として，視覚的なものによって理解が深まり，落ち着いて学ぶことができるようになるのであれば，その状況に応じた最善の教材を，財政状況を勘案しながら判断，整備していきます。その際の教材としては，デジタルカメラ，ICレコーダー，実物投影機やデジタル教科書といった高価なICT機器の場合もあるでしょうし，比較的廉価なカード教材や短冊黒板といった場合もあるでしょう。

　このように，学校全体で特別支援教育の視点を授業に活かそうとする時，学校事務職員が①②④の認識をした上で学習環境整備を行っていくかどうかは，大きな差異となっていくことが理解できると思います。

45

17 発達障害をもつ児童・生徒に対応する学習環境整備

 ここがポイント！

通常の学級の1クラスに2～3人いることになる発達障害のある児童・生徒（可能性も含む）の対応には，多くの場合で学習環境整備が効果的である。

 発達障害の児童・生徒が安心できる環境をつくる

　発達障害のある児童・生徒は，社会や集団のルールに自分を合わせることが苦手であったり，注意が持続できなかったり，言われている内容が理解できなくて指示に従えなかったりすることがあります。こうした発達障害のある児童・生徒に対して，その特性に応じた配慮を行うことで，該当の児童・生徒は学校生活を送りやすくなります。その配慮の中には，学校事務職員の業務である学校施設や学校備品，教材の整備によって実現できるものも多々あるのです。

　発達障害のある児童・生徒は，視界に入ってくるものが気になって集中できないことがあります。また，音の刺激に関しても，様々な音が気になって集中できないことや，特定の音に弱いことがあります。

　例えば，視覚への刺激を減らして，児童・生徒に注意を向けさせようとする場合に，次のような工夫が考えられます。
・黒板周りの掲示物をなくし，教室の側面や背面に整理したうえで掲示する。
・教室の前面に棚がある場合には，その中のものが過度な視覚情報にならないようにするために布で棚前面を覆う。少なくとも，整頓しておく。

・テレビや黒板が見えづらくないか，教室カーテンの遮光性を確認する。
・黒板消しクリーナーの状態を確認する（黒板をきれいにしたときの状態に差異がある）。
・蛍光管が白色系のものと暖色系のものとが混じっていないかを確認する（色の不揃いが集中力を散漫にさせる）。

また，聴覚からの情報に配慮する際には，次のような視点があります。
・児童・生徒用の机・椅子のガタツキによって音が発生する。
・教室の窓や扉のガタツキによって音が発生する。
・蛍光灯の安定器や換気扇が老朽化し，そこから異音が発生する。

発達障害の児童・生徒が意欲的に学べる環境をつくる

　集中力の持続が困難であったり，読み書きに困難を抱えたりしている児童・生徒の学習意欲の維持向上のためには，工夫が必要になります。その工夫として，情報機器に興味・関心をもつ児童・生徒には，ICT機器の活用が効果的です。実物投影機を用いて教材を拡大して提示したり，タブレットPCを授業で用いて児童・生徒の興味を引き付けることができます。
　また，発達障害のある児童・生徒がそれぞれに抱える困難を補うツールとして，「読み」に支障がある場合には，電子辞書，電子教科書やリーディングトラッカーが効果的ですし，「書き」に支障がある場合には，ICレコーダー（音声記録）やデジタルカメラ（板書記録）が効果的です。

　この項で触れたような細部にまで目を行きわたらせる学習環境整備を担う存在が，学校現場に配置される行政職である学校事務職員です。

児童・生徒のイライラを抑える教室の整理整頓

 ここがポイント！

発達障害の児童・生徒が安心して学ぶことができるような学習環境の整備の中には，予算がなくても行えるものもある。いろいろな視点からの対応を考えてみる。

 小学校の「鍵盤ハーモニカ」収納棚を例に

(A)

(B)

上の鍵盤ハーモニカ棚の写真（A）（B）は，同じ小学校の同じ学年の1組と2組のものです。発達障害のある児童・生徒への対応という点から考えてみることにします。（A）は棚の縦幅が短かく鍵盤ハーモニカを寝かして収納せざるをえないため，視覚的に乱雑な印象を与えます。その結果，発達障害の児童・生徒は落ち着かなくなり，集中力を持続することが難しくなるので，（B）の状態であることが望ましいです。

第3章　学習環境のユニバーサルデザイン化

しかし，既に（A）が教室に設置されている場合，新たな鍵盤ハーモニカ棚を購入することは容易ではありません。

お金がないなら，工夫でカバー

　発達障害への対応を踏まえた教室環境を重視している若手のK教諭から，自分の教室の前面にある鍵盤ハーモニカ棚が（A）の仕様なので，どういう方法でもいいので改善したいと私に相談がありました。私は校内や他校にある使用していない鍵盤ハーモニカ棚の中で縦幅が満たされるものがないか探しましたが，見つけられませんでした。K教諭には，今すぐに対応ができないことと，予算に目途が付いた時点で，更新・整備を図りたいと伝えました。

　数週間後，K教諭の教室で鍵盤ハーモニカの棚が目に入ってきたときに，K教諭によって，既に（D）のような対応がなされていました。

　　　　　（C）　　　　　　　　　　　　　（D）

　（C）と（D）では，（D）の方が遥かに視覚情報の刺激が少ない状態だと感じると思います。K教諭は，自宅にあったカーテンを利用して，棚の中身を見えないようにしていたのです。発達障害に対応する環境整備の中には，予算がなくても工夫でできることもあるのです。発達障害の児童・生徒に配慮した校内学習環境を，そうした意識で考えてみることも大切です。

49

19 事務機器の整備と児童・生徒の学び

 ここがポイント！

発達障害の児童・生徒に対する配慮には，事務機器のメンテナンス状態も大きく関係する。学校事務職員がそうした点への配慮を行うかどうかは，大きな差異となることを認識すべきである。

✎ ポスタープリンターによる掲示物を例に

左は，私が現在勤務している学校で，赴任した直後の4月に教室前面に掲示されていた，学年スローガンを記した掲示物の写真です。

この掲示物は，拡大ポスタープリンターで作成されたものですが，じっくり見ると，「えがお」というひらがなの文字の中に，縦じまの模様が入っているのがわかります。

この縦じまによる「ちらつき」は，発達障害のある児童・生徒にとっては，落ち着かない教室環境の一因になります。特に，このケースでは，絶えず視界に入ってくる教室前面の黒板の上に貼られており，その影響は余計に大きなものとなります。

この掲示物が目に止まった私は，他の教室の状況も確認しました。すると，校内に掲示されているスローガンがすべて同じ状態だったのです。私は，イ

第3章　学習環境のユニバーサルデザイン化

ンクカートリッジが少なくなっている状態で使い続けた結果，縦じまのムラができたのだと推測しました。私は対応が必要と考えて，該当の学級担任に「掲示されているスローガンに，縦じまが入っていますが，残量の少なくなったインクカートリッジを，予算のことを考えて辛抱して使ってくれているのですか？」と尋ねました。

縦じま模様の要因は，学校事務職員にあった

　その担任からの答えは，私の推測と異なるものでした。「『拡大ポスタープリンターが修了式の日に壊れたが，その修理費が20万近くなるので，すぐには対応できない』と前任の事務主任から話があったので，職員は，完全に使用できない訳ではないから，仕方がないと思っていたのです。」

　確かに，前任者からの引継ぎにも触れられていましたが，騙しながらであれば使用できる状態だと認識していたことに加えて，赴任早々で業務が錯綜し，修理費も高額なため，年度初めの忙しさがひと段落してから対応を検討することにしていたのです。つまり，掲示物の縦じまは，学校事務職員としての私の認識の誤りに起因するものだったのです。慌てて対応を検討し，結果的に新しいものに更新・整備し，左の写真の状態の掲示物と差し替えました。

　幸い，年度当初の早い時点でこの状況に気づいたため，状況の放置とは

なりませんでした。しかし，仮に気づかなければ，この状況で，最悪の場合１年間，発達障害をもった子供達が過ごすことになった可能性もあったのです。学校事務職員が行う教育環境の整備の意識，重要性を再認識する出来事でした。

51

20 学習障害をもつ児童・生徒に対応する学習環境整備

 ここがポイント！

学習障害の可能性がある児童・生徒は，1クラスに1〜2人いることになる。学校が対応すべき様々な支援の1つとして，教材・教具の使用が効果的である。

 学習障害をもつ児童・生徒への対応

　文部科学省による「通常の学級に在籍する発達障害の可能性のある特別な教育的支援を必要とする児童・生徒に関する調査」（平成24年12月5日）では，LDと言われる知的発達に遅れはないものの学習面で著しい困難を示すとされた児童・生徒の割合は，4.5％とされています。

　さらに，その中で，「『読む』または『書く』に著しい困難を示す」とされる児童・生徒の割合は，2.4％とされています。40人学級であれば，LDは1.8人（「読む」または「書く」に著しい困難を示す児童・生徒は0.96人）存在するという割合です。つまり，こうした障害をもつ児童・生徒はほとんどの通常の学級に存在しうることは，学習環境整備を担う学校事務職員は認識しておくべきです。

　児童・生徒の学習は最も重要なことであり，実際に学校にいるうち，最も長い時間が学習のための時間であることは，言うまでもありません。ですから，内容を一定程度以上，理解して学習時間を過ごすか否かは，その児童・生徒の学校生活での満足感，ひいては，自尊感情に直結することになります。ですから，学習障害がある児童・生徒にとって，それぞれに適した対応がな

されるかどうかは，大きな意味をもつのです。

ディスレクシア

　学習障害の類型には，①読字障害（読むことに困難さを伴う），②書字障害（書くことに困難さを伴う），③数字障害（数字の理解に困難さを伴う）があると一般的には理解されているようです。この中で，①はディスレクシアと呼ばれるものです。具体的な症状は，読んでいる文章の行が歪んで見えたり，行間が狭く見えたり，文字が重なって見えたり，鏡文字に見えたりするものです。こうした症状により，文字の認識や集中力の維持がスムーズにできなくなり，学習理解に困難を生じるのです。

　ディスレクシアの症状を根本的に解決することは難しいですが，教材の使用によって，症状を緩和することができる場合があります。例えば，行間が狭く見える症状のタイプであれば，リーディングトラッカーと呼ばれる，読んでいない行を隠すしおり状の道具の使用で状況が改善することがあります。また，黒板の文字を書き写すことに時間がかかる児童・生徒には，その日の板書を教師がデジタルカメラで撮影して持ち帰らせることが有効である場合があります。その際には，デジタルカメラやプリンタを整備しておく必要があるでしょう。しかし，必ずしも通常の学級の担任がディスレクシアの知識や対応する教材の知識をもっているわけではありません。

　ですから，学校事務職員が，管理職や養護教諭，特別支援コーディネーターと連携をとりながら，ディスレクシアの個々の症状に対応する様々な教材を活用して，少しずつでも学習の困難さが解消されることには大きな意味があるのです。なぜなら，児童・生徒の学習理解の状況改善をもたらし，ひいては，自尊感情の面も大きな差異をもたらす結果になるからです。

学習障害に対応する教材・教具の導入

 ここがポイント！

学習障害の児童・生徒にはICTを始めとして個々に応じた教材の整備が効果的な場合が多くある。そうした場合，学校事務職員も，その視点をもつことで機能を果たせる。

 学習障害をもつ児童・生徒への実践事例

　私の知人のM事務主任から聞いた実例です。M事務主任は，勤務する小学校で，毎朝，登校時間に靴箱周辺の教育環境整備を兼ねて玄関で子供たちを出迎えているそうです。その際に，毎朝，元気に挨拶してくる1年生の男子児童K君がいたそうです。K君は，学校や家庭であったことを，ほぼ毎朝，立ち止まって話をしていく元気な1年生でした。しかし，2年生になるかならないかのころから，少しずつ表情に陰りが見え，朝の挨拶の声も元気さがなくなっていきました。気になったM事務主任は，学級担任に学級での様子を聞いたところ，授業に少しずつついていけなくなってきているということがわかりましたが，授業のことなので，直接，手をかけることはできない部分だと考えていました。

　そのK君が2年生になった1学期のある日，M事務主任は特別支援コーディネーターを担うS教諭と，雑談の中でK君の様子の話になりました。S教諭は，授業中のK君の様子を見ていて，ノートの書き写しへの困難さの示し方から，LD，特に読み書き障害（ディスレクシア）の症状を疑って対応に苦慮していたそうです。M事務主任にとって，自身が感じていたK君の変化

第3章　学習環境のユニバーサルデザイン化

と符合するものでした。M事務主任も，何か力になれることはないかと考えて，読み書き障害に効果がある可能性のある教材・教具を調べました。すると，200円程度の安価なリーディングトラッカーという他の行を見えなくするしおり状のものが，効果がある場合があるということがわかったので，そのことをS教諭に話し，管理職の決裁を経て学校で整備しました。S教諭から学級担任に事情を話して，S教諭が専科で授業を行うときに，K君にリーディングトラッカーを試したところ，K君の読みにかかわる部分の困難さが大幅に減ったそうです。

教材の導入から動き出す支援

　そのことでS教諭は，かなりの確率でK君には読み書き障害があると考え，学級担任，管理職と対応を協議して，学級担任の授業での指導の配慮すべき点を明確にし，個人懇談の折に，K君の状況を，リーディングトラッカーの活用による効果とともにK君の保護者に担任から伝えることにしました。そして，個人懇談で学級担任から伝えたところ，保護者の方も「実は，私も子供が何か困っていることがあるのではないか，と感じていたのです。」とお話をされ，その後は，専門機関の診断をうけて，学校では合理的配慮を行うようになっていったとのことです。

　この事例では，たまたま，最初に試してみたリーディングトラッカーが，K君の症状に合致するものだったという点はありますが，K君への対応の速やかさという点で，M事務主任の対応があったのとなかったのでは，相当な差異が生じたでしょう（恐らくは，M事務主任はリーディングトラッカーの効果がなければ，効果がありそうな他の教材等を試していったでしょう）。

　この事例からは，学校事務職員は，直接，児童・生徒を指導する立場になくても，個々の子供を把握しそれに応じた教材等の整備をすることによって，児童・生徒の学びと成長に，大きな影響を与える存在となることがわかります。

COLUMN 3

ドイツ派遣から感じたこと①
―これからの学校，学校事務職員―

　2016年に2週間，文科省主催「日独青少年指導者セミナー」のドイツへの派遣団の一員として青少年に関する事業・施設の視察や，関係者と交流をする機会を得ました。訪問したベルリンの公立中等学校では，ドイツの一般的な状況とほぼ同じく，移民の背景（ドイツに居住している外国人，ドイツで生まれた外国人，ドイツ国籍取得者，帰還移住者，両親のうち少なくともどちらか一方がこれらに当てはまる人々を「移民の背景」を持つ人と呼ぶ）を持つ生徒の割合が約2割を占め，ドイツ語を十分に理解できないレベルでした。

　ドイツでは，こうした児童・生徒に対して，無償で公立学校に通わせ，そこでドイツ語を習得し，移民の背景を持たないドイツ人と一緒に学校生活を送っていくという施策が推進されていました。この施策は，移民の背景を持つ子供たちが，将来，ドイツ国内で就業できる能力と人間関係の基礎を身に付け，ドイツの社会を生きていけるようにすることを目的にしているのです。

　一方，日本も労働力の確保や国際化の進展の側面から，様々な文化的背景や価値観を持った市民が共生する社会になっていく可能性は低くありません。そのような社会の変化に伴い公立学校や学校事務職員が果たす役割（施設・教材整備，就学援助，学籍など）が変わっていく方向を意識させられました。

移民の背景を持つ生徒へのドイツ語授業

第4章

学習環境整備が果たす規律確保

対応から予防に変化する生徒指導

 ここがポイント！

生徒指導の考え方は，従来の非行などへの「対応」から，不登校やいじめなどの教育相談的な「予防」に中心が移ってきている。そうした新しい生徒指導の中では，学校事務職員が果たすべき役割が大きくなってきている。

 生徒指導とは

　私が就職したころの生徒指導という言葉からイメージするのは，いわゆる非行行為（暴力や万引など）や校則の厳守の対応など，特別な指導でした。しかし，現在は「いじめ」や「不登校」などへの対応といった，教育相談的なものに生徒指導の中心が変化してきています。
　実際に，既に文部科学省による平成22年刊の『生徒指導提要』では，第1章の冒頭で「生徒指導とは，一人一人の児童・生徒の人格を尊重し，個性の伸長を図りながら，社会的資質や行動力を高めることを目指して行われる教育活動のこと」と記されています。
　また，『生徒指導提要』の執筆者の一人である国立教育政策研究所生徒指導・進路指導研究センター総括研究官の藤平敦先生は，生徒指導について「生徒指導とは学校の教育活動のなかの，教育課程の内外で行われる教職員の児童・生徒への働きかけ全てのことを言うと理解できるでしょう。つまり，相談室で個別に行ったり，学年集会などで集団に行われたりする生徒指導だけが生徒指導なのではなく，日々の授業や学活のなかでも行われるもので

す。」と説明してくれました。

　藤平先生は，さらに，いじめや不登校への対応のポイントとして，「『規律』『学力』『自己有用感』を児童・生徒がもてるように，教職員は教育活動を行うことが重要である」こと，さらに，「『絆づくり』をするのは子供同士であって，教職員は安心してそれができるように『子供の居場所づくり』を行う存在である」ことを教えてくれました。

生徒指導と学校事務職員

　生徒指導の面で学校事務職員が重要な役割を果たすということは，何も学校事務職員が，教員と一緒になって非行などの課題のある児童・生徒を指導することではありません。学校事務職員は，行政職の強みである教育環境整備を，生徒指導の重要なポイントである「個々の児童・生徒の『規律』『学力』『自己有用感』を身に付けること」や「『子供の居場所づくり』を意識して行うこと」により，生徒指導で大きな役割を果たすことができるのです。

　前述の藤平先生が，学校事務職員が生徒指導で果たす役割について，学校事務職員を対象とした講演会のなかで，次のように期待を語りました。

　「従来の非行対応を中心とした生徒指導は，専ら教員が（それも，中学校や高校では，生徒指導担当の教員が）担うものでした。しかし，「個性の尊重」「『規律』『学力』『自己有用感』」「『居場所づくり』と『絆づくり』」といったキーワードが重視される新しい生徒指導の概念の実現は，最早，教員だけでは達成できません。その成否に学校事務職員が果たす役割は大きいものとなっています。生徒指導の充実には，教育環境整備は不可欠な要素です。その教育環境整備を，学校に配置されている教職員のなかで最も専門性をもって担う存在が，学校事務職員なのです。」

23 いじめ，不登校の未然防止

ここがポイント！

いじめ，不登校の対応の中で，未然防止が重視されるようになった。そのためには，魅力ある学校づくりが効果的であり，学校事務職員が果たす役割が大きくなっている。

未然防止の重視と魅力ある学校づくり

　いじめや不登校の問題は，学校事務職員が直接的なかかわりがあるという認識は多くありません。しかし，学校事務職員も，これらの問題に重要な役割を果たすことが求められるようになっています。従来からの「既に発生しているいじめや不登校へ対応（初期対応，事後対応）」に加えて，それらが起こらない指導という未然防止の考え方も，重視するように変化したからです。

　そして，最も効果的な未然防止策は，「児童・生徒が学校を魅力的であると感じる学校づくりを行うことである」という結果が，国立教育政策研究所生徒指導・進路指導研究センターの調査で明らかになっています。そのことを踏まえた同センターによるリーフレット「いじめのない学校づくり」では，次のように取り上げられています。

○いじめに向かわせないために，主に学校で取り組むべき課題は
・規律（きりつ）・学力（がくりょく）・自己有用感（ゆうようかん）
★きちんと授業に参加し，基礎的な学力を身に付け，認められているという実感をもった子供

60

こうした考え方の下で，教職員が児童・生徒の「居場所づくり」を行い，その「居場所」で児童・生徒が相互に「絆づくり」を行い，それによって自己有用感が高まり，児童・生徒は，他者を否定・攻撃するといったことを減らし，さらに，相手を認めることもできるようになると考えるのが，「魅力ある学校づくり」です。

生徒指導＝魅力ある学校づくりと学校事務

　学校事務職員が行政職としての機能を発揮することで，より質の高い「魅力ある学校づくり」が行えます。例えば，「規律・学力・自己有用感」のうち「規律」を児童・生徒の間に育てるという面では，校内の施設設備や教室備品，靴箱等が整理整頓されている学習環境が，規律ある学校生活を送ることに大きな影響を与えます。この部分で学校事務職員が果たす役割が重要なことはいうまでもありません。「割れ窓理論」（p.62参照）のとおり，修繕箇所が放置されたままであると，新たな修繕箇所を引き起こす可能性が高くなり，「規律」感とは逆の方向に校内の雰囲気は進みます。また，靴箱や教室内の棚の形状を整理整頓しやすいようにするといった視点を学校事務職員がもち，工夫していくことで，「規律」が校内で実現しやすくなるのです。

　また，「規律・学力・自己有用感」のうちの「学力」の面では，よりわかりやすい授業の実現のために，例えばICT機器の導入などで役割を果たせます。同じく「自己有用感」の面でも，学校行事や「総合的な学習の時間」の場面で使用する物品について，特色あるものを整備するなどの工夫をすすめたり，社会体験や交流体験では渉外業務を担うことも可能です。

　このように，学校事務職員が担う業務が生徒指導の面で大きな意味をもち，「いじめのない学校づくり」のために大きな役割を果たす，という認識をもつことは，学校全体と学校事務職員の両方にとって重要なことです。

24 学校事務職員だからできる規律確保

 ここがポイント！

規律の確保を図るには，教育環境の整備が重要である。学校事務職員がその意図を踏まえた機能を果たすかどうかは，結果に大きな差異をもたらす。

 規律確保と教育環境

　学校の教育環境が整備されているかどうかは，児童・生徒の「規律」確保に大きな影響を与え，ひいては，児童・生徒が学校で落ち着いて学習ができる日々を送れるか否かにもかかわってきます。これらの参考になる考え方として，既に多くの方がご存知と思われる，「割れ窓理論」があります。

　「割れ窓理論」は，もともとは，「建物の窓は，壊れているのを放置したままにしていると，他の窓も壊されてしまいやすい」という考え方であり，壊された最初の１枚の窓を，できるだけ速やかに直すようにするのです。札幌の繁華街ススキノでは，実際にこの理論を参考にして，地域ボランティアと警察が一緒になって街頭パトロール強化するとともに，区域内の違法路上駐車の取り締まりを徹底したところ，２年後には犯罪が15％減少したとのことです。

　また，誰もが知っている国内最大の某テーマパークが，閉園後から翌朝の開園までの間に徹底的にパーク内の清掃や修繕を行うことは有名です。これも「割れ窓理論」と同じような考え方の側面があると思われます。

　これらの例を学校に当てはめて考えると理解しやすいと思います。日常か

第4章　学習環境整備が果たす規律確保

ら清掃が行き渡ったうえで,修繕すべき箇所が発生した場合には,速やかに対応するのです(さらに,札幌のススキノの例のように,地域のボランティアの方々もかかわる協働的な取り組みがあると,より効果が上がると予想できます)。

 生徒指導の「規律」と学校事務職員

　児童・生徒が,規律感をもった学校生活を過ごすには,清掃を行き渡らせることや修繕箇所が速やかに直されていることが望ましいです。その実現には,いうまでもなく学校事務職員が中心としている財務業務が密接にかかわっています。こうした理解をすると,学校事務職員の業務が,児童・生徒の「規律」に大きな影響があると理解できると思います。

　例えば,児童・生徒の規律感に大きな影響をもたらす「整理整頓されている」「清掃が行き届いている」校内環境とするためには,もちろん,教員が行う整理整頓や清掃の意義の伝達,○○の動機づけといった児童・生徒への働きかけは,重要かつ不可欠です。

　同時に,学校事務職員が,児童・生徒にとって「整理整頓しやすい」「清掃を行き届かせやすい」という点を踏まえて備品を選定,整備することも,規律感の維持のために大きな影響があるのです。児童・生徒にとっても教員にとっても,整理整頓や清掃が行いやすく,綺麗で整った状態の維持が容易であると,整理整頓や清掃への意欲の継続にも好ましい影響を与えることになります。

　逆に,学校事務職員が,学校の施設や物品の仕様,規格については指導に関連する事柄であると考えて,教員が決めた後の契約や関係機関との調整のみ自らの仕事だと考えるのでは,両者の間に大きな差異をもたらすことは,容易に想像できると思います。

授業に集中する環境をつくる整理整頓

 ここがポイント！

施設や備品の規格や仕様によって整理整頓の「しやすさ」は異なってくる。結果的に児童・生徒の規律に大きな影響を及ぼすことを認識しておくべきである。

 小学校の「鍵盤ハーモニカ」収納棚を例に

(A)

(B)

　写真（A）（B）は，p.48でも取り上げた写真です。鍵盤ハーモニカのケースに着目した場合，どちらが児童が学ぶのに望ましい状況でしょうか。いうまでもなく（B）であることは理解できるでしょう。児童の立場になって考えると，教室の正面黒板に向いた際に，絶えず（A）の棚が目にはいってくる状態と，（B）の棚が目にはいってくる状態とでは，同じ教室で1年間過ごし続けることを考慮すると，児童に与える影響は大きく異なると想像で

64

きます。
　（B）の教室で過ごす児童は，自然と整理整頓を意識するようになる可能性が高いでしょう。一方，（A）の教室で1年間過ごす児童は，絶えず視覚から整理整頓できていない状態がはいってくることで，学習への集中力を欠くことになったり，教員から児童へ整理整頓の指導を行ったとしても，なかなか伝わりづらくなったりすることが予想できます。

 原因は，学校事務職員の業務にあった！

　一見，（A）学級の担任教諭が，教室内の整理整頓に対する意識が低かったり，無頓着であるせいで，棚内の鍵盤ハーモニカが乱雑であったと思われるかもしれません。しかし，実際は（A）と（B）の収納ケースでは棚板の間の高さが異なっていて，（A）の棚では，鍵盤ハーモニカを立てて収納することが物理的に不可能なのです。担任教諭は，そのことに気付きながらも，その改善には予算がかかるため，学校事務職員に相談しても対応してもらえないと諦めていたのです。
　こう考えたときに，学校事務職員が教室の学習環境整備を意識しているかどうかは，大きな影響があると理解できます。この例でいうと，鍵盤ハーモニカ棚を購入する際に，規格が整理整頓を行いやすいものかどうかという点，各学級に既に整備されている鍵盤ハーモニカ棚が，規格的に整理整頓をしづらいものでないか確認をしているかという点，教員側に問題の気付きがあったときに教員からのニーズを受けやすいかという点など，学校事務職員の担う業務との関連が様々な点であるのです。また，仮に，学校で直ちに収納棚を購入できる予算の余裕がない場合は，例えば，学校事務職員が，そうした収納状況を児童から見えなくなるように布で覆う工夫などのアイディアを考える働きもできます（p.49参照）。
　靴箱やコート掛けの規格なども整理整頓しやすいかどうかで児童・生徒の規律に大きな影響を及ぼすことについても留意しておくべきです。

26 チャイム着席定着のための時計選び

> 📝 **ここがポイント！**
>
> 学校事務職員が担う学習環境整備は，教員が行う指導の質を左右し，結果的に児童・生徒の学びや育ちの質にも大きく影響する。このことを意識して，日常の学習環境を改善するために工夫することが重要である。

✏️ たかが教室の壁時計，されど教室の壁時計

　学校事務職員が行う学習環境の整備が，児童・生徒に規律感を育むのに大きな影響があるという例について，学校事務職員Yさんの実践を紹介します。Yさんの勤務する小学校では，児童の自主性・自律性を育むために，自分で校舎内の壁時計を見ながら行動するという指導を学校全体で取り組んでいます。

　こうした場合，校内の時計が合っていないと，児童は混乱し，取り組みに対する意欲も下がります。こうしたことを防ぐために，始業式の前日には忙しい中，全教職員が教室や廊下の時計の下に張り付いて，教務主任がNTTの時報サービスを校内放送で流し，学校をあげて時計の時刻合わせを行っていたそうです。

　Yさんは，こうした状況について，教職員の業務負担の点で改善が必要と考えていたところ思い付いたのが，ソーラー式電波時計の一斉導入によって，電池交換や時刻合わせの手間をなくすことです。カタログを調べたところ，電波時計は秒針の有無で値段が大きく異なるのですが，100マス計算的な

小テストの際には秒針が必要な場合もあることに気付き，秒針付きのタイプを全学級と廊下や職員室の分，20台を購入することで決裁を受け，導入しました。

早速，納品に気づいた教員の中には「電波時計に変わると，時計を見て行動するという指導がスムーズにできるようになります」と話してきた方もいたそうです。このような教員の期待を受けて設置する電波時計なので，Ｙさんは，購入した全ての時計を並べて5日間，動作確認を行ったところ，動作不良が疑われるものが2台見つかり，交換対応を行ったそうです。仮に，配布した電波時計に動作不良があると，今回の導入を契機に向上した指導への意欲をくじきかねなかったので，注意をしたということです。

学校事務職員として必要な視点 「意図」と「こだわり」

　一般的に，指導にかかわること，その中でも特に生徒指導は，直接的に指導をするイメージが強く，教員の仕事であると考えられがちです。しかし，この電波時計の整備の実践例からもわかるように，教育環境を整備する働きかけを意図をもって行うことは，自主性・自律性や規律感の育みという点で生徒指導に直結しているのです。一人一人の子どもにそうした点を適切に育むためには，学校事務職員を含めた教職員全員が，それぞれの職種や立場に応じて「子どものために」役割を担うという意識をもつことが大切です。

　また，Ｙさんの「秒針の有無」「徹底した動作確認」といった点までのこだわりは，学習環境整備を専門とする学校事務職員だからこそのものです。このこだわりの有無で，教員が行う子どもたちへの働きかけが適切なものに結びつくかどうかに大きな差異が生じるのです。

　つまり，Ｙさんの実践例のように，学校事務職員が，その業務の中で「子どもに育みたい力」を意図して仕事をすると，教員の指導が効果的に成立し，児童・生徒の学びと育ちがより良いものになるのです。

COLUMN 4

ドイツ派遣から感じたこと②
―子供にとっての学校教育と社会教育―

　ドイツの教育制度が，日本と大きく異なっている点の一つが，「初等中等教育の学校は，一般的に午前中のみで終わる。」というものでした。視察したベルリンの中等学校でも，生徒は午前中で下校していました。

　午後からは，自治体が財政的に援助する青少年団体が実施する青少年教育（≒青少年援助）が行われる地域の施設に向い，自らの興味や関心に基づいて様々なこと（サッカーや陸上などのスポーツ，吹奏楽や合唱などの音楽，演劇，絵画，奉仕活動など）を学ぶという社会教育の制度のなかで過ごすのです。社会教育≒地域という場で，子供たちが自らの興味関心によって，それぞれの専門性をもった指導者から意欲的に学ぶという社会教育の視点に私は，強く感銘を受けました。

　後日，ドイツの識者との意見交流会の場でミュンヘン郡青少年連合の事務局長が語った言葉は，さらに強く印象に残るものでした。

　「両国とも学校教育という制度では，規律や集団行動を重視する。しかし，それらに適合性が低い子供は一定割合で存在する。彼らにとっては，学校はひどく息苦しいものである。1日中，学校に居なくてはいけない制度と，午後から，学校とは異なる青少年教育の場に通い学ぶことができる制度があるのでは，子供はどちらが学びやすいか，過ごしやすいか，という点も考えてみてはどうか。」

　部活動のあり方や地域と学校の関係が話題になる我が国ですが，子供にかかわることを，なんでも学校が果たそうとすることが，子供にとって必ずしも良いとは限らないということを意識させられました。

第5章

お金がかかわる教育環境整備

27 財務マネジメントと保護者負担

ここがポイント！

学校徴収金で保護者から金銭を集めることは，義務教育無償化の原則や，保護者負担軽減の意味で慎重さが求められる。公費による財務マネジメントを行う際には，このことも留意すべきである。

公費だけではない学校予算

　学校教育法の改正によって，「事務をつかさどる」存在として規定された学校事務職員については，財務事務をとおした学校経営への参画という方向が，地域とともにある学校づくりのなかでの機能とともに，今後の学校事務職員のあり方の方向性として，研究会やセミナーで多く語られています。

　しかし，法改正以前からの業務と変わらないまま，公費市町村費（以下，公費）の学校配分予算にかかわる一連の業務を担っているだけ，という状況も散見されるようです。

　これでは，財務マネジメントを担っているとは言えません。学校には，給食費や教材実習費といった学校徴収金（校納金），さらには，副読本等の補助教材や斡旋販売品の費用，写真代など，様々な財務業務が存在しているからです。もちろん，小中学校では多くが一人配置のため，一人で全ての会計を担当することは業務量的に難しいですし，会計担当が特定の職員に偏ることは，適正な事務の実施からも望ましいことではありません。しかし，「事務をつかさどる」存在として財務事務を総括するということは，学校にある様々な金銭，予算について総括的に把握し，経理を担当する教職員に対して，

適宜，指導や示唆を行う機能を果たさなければなりません。まして，事務主任や事務長に発令されている学校事務職員には，なおさらそのような姿が求められます。

公費私費の負担区分と保護者負担

　子供の貧困が社会問題となっている現在，これまで以上に保護者が学校に納入する費用の総額を抑えることが求められています。
①教員による購入計画作成の前に，学校徴収金によって購入する物品等を決める年度当初の計画段階で，保護者負担軽減の意義を十分に周知すること。
②購入計画書が作成された後には，購入予定物品を一通り確認すること。
③保護者負担の適否の視点と適切な公費私費の負担区分の視点で確認すること。

　これらは，財務マネジメントを担う以上，必要なことです。実際に，私自身の経験でも，本来公費で負担すべきものが購入計画に入っていて公費負担としたことや，購入しなくてよいものが入っていたために計画から削除したことがありました。

　また，学校徴収金は，義務教育は無償であるという考え方もあるなかで，教育上の必要があるために目的を明示したうえで保護者から徴収しているものです。ですから，本来，その支出については，目的に沿っていて要件を満たしているかという点で，公費以上に厳密に判断されなくてなりません。

　しかし，実際には，公費経理担当者としての視点だけで，公費として支出できるかどうかの可否だけを判断する学校事務職員が存在します。その結果，「否」とされたものについて，安易に学校徴収金で支出される場合も散見されます。こうしたことを防ぐためにも，学校事務職員が公費私費にかかわらず，支出の可否を保護者負担軽減の視点をもって判断するべきです。このことは，学校徴収金の透明性を高め，説明責任を果たすことにもなるのです。

28 学校徴収金の未納放置

 ここがポイント！

学校徴収金の未納督促の業務は，単なる未納金回収と考えると負担感が大きい業務であるが，実際，児童・生徒への影響は大きく，それを意識して遂行すると大きなやりがいを感じられる。

 学校徴収金業務のとらえ方

　学校徴収金に関する業務は，保護者との金銭の支払いにかかわる業務であり児童・生徒への指導とのかかわりが少ないという認識が存在します。しかし，保護者の経済格差が子供の学力格差に連なるという「子供の貧困」の視点で考えると，学校徴収金は児童・生徒の指導に直接的に関係する問題といえるでしょう。

　また，学校徴収金の問題について考える際には，納入額を少なくするという保護者負担軽減と，保護者の未納状況が児童・生徒に悪影響を及ぼす可能性という2つの視点があります。ここでは，学校徴収金の諸問題が児童・生徒に及ぼす影響と，行政職としての学校事務職員が学校徴収金業務に向かう際のとらえ方について考えます。

 学校徴収金の未納放置は大きな影響がある

　学校徴収金の未納が続いている世帯については，その理由が，保護者の規範意識の欠如によるものか，経済的困窮によるものかについて，督促時に

第5章　お金がかかわる教育環境整備

様々な手段で確認をし，それぞれの理由により異なった対応が必要です。

　第1に，保護者の規範意識の欠如が理由の場合，保護者に正しい納入を求めることが児童・生徒のために必要です。小学校高学年以上になると，督促状を認識でき，自分の保護者が未納状況であることを理解します。こうした状況は，児童・生徒に劣等感を与える可能性が高いです。要保護や準要保護の世帯は，制度のなかで，それぞれに応じた経費が支給されていると解し，保護者に正しい納入を求めることが，児童・生徒を不要な劣等感から守るためにも必要です。

　第2に，保護者の学校への信頼の側面からも未納状況は放置できません。同じく困窮状況にありながらも学校徴収金の支払いを適切に行っている世帯がほとんどのなか，学校が適切に督促業務を行わずに未納世帯が許されているということになると，不公平感が強まり，ひいては学校への信頼感を失わせることとなります。なぜなら，学校がどの程度の督促を行っているかどうかは，LINEなどを通して保護者間で情報交流が行われているからです。私の経験ですが，未納世帯への家庭訪問を行い始めると，常態的な未納世帯からも早期に納入されるようになりました。これは，保護者の間で，家庭訪問を行って督促をするということが広まったことが理由の1つと推察されます。

　第3に，児童・生徒への規範意識に及ぼす影響も考慮すべきです。期日までには支払うということをしない保護者の姿を見ながら成長した場合，その子供自身も，期日までに行なわなければならないという規範意識が弱くなる可能性が高くなります。成長した際に社会人として最も重視される能力が身につかない可能性が高くなるのです。

　未納者が多数放置されたままだとすると，教職員の間にも「支払われなくても仕方がない」という空気が生まれる場合もあります。結果として，教職員の「未納を放置すると，学校の信頼に影響する」といった意識も弱くなり，教職員の士気にも悪影響があるのです。ですから，未納世帯への対応は，金銭の回収以上の価値があることを認識して任にあたるべきです。

73

29 児童・生徒の指導につながる督促業務

ここがポイント！

学校事務職員が督促業務を担う際にきめ細かな仕事をすると，児童・生徒の学びをより良いものにできる。特に，督促も他の教職員と協業することがポイントである。

督促業務の工夫の具体例

　学校徴収金の未納の放置は，単に公平の原則に反するだけでなく，子供が劣等感を感じたり，規範規律意識に悪影響を及ぼしたりする可能性を高めます。ですから，工夫をした適切な督促を行い，未納を減らすことが大切です。

　例えば，督促状に自筆で添え書きをし，押印して送付する工夫があります。その際には，添え書きの表現を就学援助世帯かどうかや，未納期間の長短によっても変えるのです。また，未納者が要保護の場合には，役所の生活保護担当に出向き，担当者に相談をする工夫があります。要保護世帯に学用品等分の教育扶助加算がある中で未納があるとすると，学用品以外に使われている恐れなど，ネグレクトに通じる場合もあるからです。他にも，一定期間以上の滞納世帯については，督促のための家庭訪問を行う工夫もあります。

　未納世帯訪問のために，該当世帯を地図にマークする作業を事前に行った際に判明することもあります。私がかつて行った時には，2本の道路に挟まれた特定の地域に集中した結果を示したのです。事実を客観的に把握し，例えば，その地域がある小学校との連携を図るなどの対策を講じていく視点をもつことは行政職としても基本的な姿です。

第5章　お金がかかわる教育環境整備

督促業務を放置しての失敗

　数年前の中学校勤務時の出来事です。修学旅行当日の朝に突然，我が子の体調が悪いため修学旅行に参加させないと保護者から連絡がありました。実は，その世帯は修学旅行費の支払いがないまま，当日を迎えていたのです。他に学校徴収金も未納が続いていたのですが，学校からかなり離れた場所にある世帯だったこともあり，それまで文書と電話でのみの督促でした。

　この事態を校長は重く受け止め，学校徴収金の督促を理由に家庭訪問をして，準要保護や要保護の該当であるなら手続きをとるよう薦めてくるように指示がありました。訪問しても不在が続きましたが，行った際には名刺やメモを残してきました。半年ぐらい経過して，ようやく保護者から電話連絡がありました。その電話で話を聞いてみると，準要保護の対象となる世帯でしたので手続きをすすめ認定となりました。学校徴収金の滞納が重なり始めた時点で困窮状況に気づき，準要保護の申請手続きを行っていたら，その生徒は修学旅行に行けたかもしれない（就学援助世帯は市より経費措置がある）と考えると，仕事の取り組み方で児童・生徒に大きな影響を与えるということを認識させられる出来事でした。

教職員の一員としての督促業務

　学校事務職員が電話のやり取りや家庭訪問などで得られた情報や，要保護世帯にかかわる首長部局の福祉担当から得られた情報は，指導上，貴重です。必要に応じて口頭や文書で管理職や関係教員と情報共有できると，教育の質は高まります。また，学校事務職員は，経済困窮者などへの福祉的な制度について教員にはない知識をもっているので，そうした面を，児童・生徒のために活かしていくべきです。そうした意識をもたずに，事務手続きに終始するのであれば，行政職として学校現場配置されている意味は少ないといえます。

30 児童・生徒の学びのため避けられない支出

 ここがポイント！

学校徴収金だけでなく，子供の学校での学びにかかる様々な費用における保護者負担の必要性までを考えなければ，本当の意味の保護者負担軽減は実現できない。そのための，学校事務職員のリーダーシップが望まれる。

 保護者負担の軽減

　教員は，個々の児童・生徒と向き合うことが本分であり，より良い授業を行おうとして，悪気なく実習教材や副読本といった副教材などを求めがちになります。また，教員という職業を構成している集団は，社会の平均と比すると高学歴であり，学力と保護者の経済状況に相関関係があることを考えると，経済的に恵まれた世帯に育っている方々が多いと考えられます。そんな中，保護者の負担軽減に関して，教員と異なった視点をもつ学校事務職員が果たしうる役割は大きいのです。

　学校や教育委員会事務局は，実習教材費や用紙費などの学校徴収金に関しては，徴収額が高額になりすぎないように注意喚起をしたり，負担区分や徴収総額の目安を示したりする場合もあります。注意しなければならないのは，学校副読本などの副教材や斡旋販売品，さらには制服代など，学校徴収金以外で，事実上，保護者には避けられない支出が存在することです。重要なのは，学校が学校徴収金という名目の中で集金する金額ではなく，児童・生徒の学びのために保護者が強いられる負担の総額を軽減することです。こうし

第5章　お金がかかわる教育環境整備

た認識を学校事務職員が持ち，例えば，校内で保護者から集める学校徴収金，副教材や斡旋販売品の総額を示しつつ，保護者負担の軽減の意義を教職員全体で共有することには効果があります。このことを率先して担える存在が，学校事務職員なのです。

教員が気づかないからこそ指摘する

　私の経験例を書くと，勤務している自治体では，ほとんどの学校でスキーの授業があり，個人で道具一式を揃えます。要保護世帯については必要な経費は加算支給されますが，準要保護世帯については，スキー板とスキー靴，ストックについてのみが現物で支給されるだけです。実際には手袋やスキーウェア，スキー靴用のブーツケースなどを揃えなくてはいけません。特にスキーウェアについては，小学校高学年以上になると成長も早くなり，また，流行にも敏感になることから，２年程度で買い換えます。さらに，スキー授業でスキー場に行くための貸し切りバス代金もかかります。また，「スキー授業が始まる前に，できるだけ家族とスキー場に行っておくように」という内容を学年便り等で周知している場合もあります。これらのための費用は非常に大きな金額になりますが，準要保護世帯では，これらの費用を特に加算のない中で捻出しなくてはならないのです。

　しかし，過去の経験では，こうした認識をしている教員は多くはありません。「スキー学習の費用は高額であるため，困窮世帯には大きな負担であることも認識したうえで，その実施の是非や実施するにあたってのスキー場の選択をすべきだ」と話題にしても，主任級の教員でさえ多くが「就学援助者は措置があるという前提で，準要保護世帯にとって大きな負担はないでしょう」といった誤解をしていました。こうした点については，カリキュラムに密接に関係するために，簡単には変わりません。しかし，だからこそ学校事務職員が継続的にこの点を指摘していくことが重要なのです。

31 学校予算による教育環境整備

> **ここがポイント！**
> 学校での予算執行等にあたって，学校全体を見通した教育環境整備を行うことが必要であり，学校事務職員にはリーダーシップが期待されている。その際には，校長の経営方針を理解して行うことは不可欠である。

学校事務職員が担う意味

　年度末や学校改修の折に，学校現場で普段よりまとまった金額の予算が執行できたり，市町村教委に予算要望できたりするような場合があります。こうした際に，学校によっては各教科や分掌に予算額を割り振って，その範囲で購入希望を職員から上げてもらう対応をしたり，規模の小さな学校では，全職員に希望をとって，その希望物品の整備を図る対応をしたりするケースがあります。

　私自身，採用から間もないころには，こうした対応をした時期がありました。時間も限られているなかで，多くの職員の要望を取って応えていくことが，予算の平等な執行という観点からも望ましいと考えたのです。しかし，現在はこうした対応を行いません。なぜなら，学校事務職員が全体を見渡して行う物品整備の貴重な機会とできるからです。

　教員からの要望によった整備では，どうしても自分が指導する教室なり教科なりといった，担当している範囲からの要望になります。教員は個々の子供に指導をする専門家である以上，こうした要望がでることは当然です。結

果として，学校全体を見渡した整備をしたほうが効率的にもかかわらず，そうした整備が行われなくなってしまうのです。

様々な場面での実例から

　学校事務職員が全体を見渡して整備することで望ましい結果をもたらす場合の，様々な事例があります。例えば，中学校や高校では，古くはラジカセ，最近では実物投影機を，教科単位での教員の要望によって，教科ごと（あるいは教科担任ごと）に整備する場合が多いです。しかし，これは非効率的です。各学級に常設用を１台整備しておくほうが，整備台数も少なく済みますし，なにより都度の設置にかかわる作業が不要になり，よりスムーズな授業が可能になるからです。

　別の例では，各教室のカーテンや小学校の教室にあるオルガンが老朽化してきた場合には，一斉に更新するべきですが，あるクラスで老朽化しても，こうした要望は一般的には上がりづらいです。実際に更新する際にも，カーテンであれば，より授業の効果を高めるために遮光性の高いものを一斉に整備し，オルガンについては，必要な機能，規格を十分に検討して整理されるべきです。

　学校では，例示したようなケースは，非常に多く存在することが，学校事務職員であれば経験的に理解できるでしょう。このようなケースで，学校事務職員が校内でリーダーシップをとるかどうかで，児童・生徒の学習環境は大きく違ってくるのです。もちろん，その際には，校長の経営方針を踏まえた上でリーダーシップを発揮することが不可欠です。また，学校事務職員として意図するところを，職員会議や日常の雑談を含めて広く教職員から理解を得るようにすることも大切です。

32 行政職の専門性を活かす就学援助

 ここがポイント！

学校事務職員が就学援助業務を担う際には，単に就学援助の書類等の正確さを求めるのではなく，個々の児童・生徒にとっての「就学」を手助けすることで学習を保障する，という目的を意識することが必要である。

 就学援助とは

　学校事務職員が就学援助業務を担う場合，準要保護にかかわる事務手続きを業務と考えがちです。しかし，文部科学省のホームページでは，就学援助制度について，「学校教育法で『経済的理由によって就学困難と認められる学齢児童又は学齢生徒の保護者に対しては，市町村は，必要な援助を与えなければならない』（学校教育法第19条）とされている」ことを根拠として，①要保護者（生活保護法第6条2項に規定する要保護者），②準要保護者（市町村教育委員会が生活保護法第6条2項に規定する要保護者に準ずる程度に困窮していると認める者）を就学援助制度の該当者として規定しています。

　つまり，就学援助者とは要保護者と準要保護者の両方からなるものであり，児童・生徒が学校に入学・通学し，所定の教育課程のもとで学習することができるように，必要な手助け（援助）を行うことであると捉えるべきです。学校事務職員にとって，就学援助業務は，要保護にかかわる行政機関への単なる書類の取り次ぎ業務ではなく，その専門性を活かすべき業務なのです。

第5章　お金がかかわる教育環境整備

 柔道着がなく授業に参加できない生徒の存在

　私の勤務する市では，中学校の体育の授業で柔道が行われる場合，希望する準要保護世帯の世帯については柔道着現物が支給され，要保護世帯については，その相当額が生活保護費に加算支給される制度になっています。ある時，体育科のA先生が事務室に来て，次のように話をしてきました。
　「中学校2年の生徒Xさんが，柔道の授業になると体調が悪いと言って見学を申し出てきて，昨年は一度も授業に参加しないまま終え，今年も同じになりそうです。もしかして柔道着がないのではないかと思い始めました。ただ，要保護世帯なので柔道着は支給されているはずですよね？」
　私は生活保護制度の確認を，A先生はXさんへの聞き取りをしたところ，昨年，柔道着の相当額が生活保護費に加算支給されていたが，Xさんの保護者がその購入に充てないまま終わっていた事実がわかりました。
　そこで私は，生活保護担当課に出向いて，一連の経緯について，担当者Bさんに説明をしました。するとBさんから「次回の生活保護費の支給を窓口での現金渡しとします。その足で運動具店で柔道着を購入し，領収書を区役所にもってきてもらえないか」という提案があり，学校として，その話にそった対応をしました。結果，保護者は柔道着を購入し，Aさんは授業を受けることができるようになりました。
　今回のケースでも，わずか1万円程度の柔道着のために関係者が費やした延べ時間は相当なものとなり，人件費対効果を考えるとあり得ないものでしょう。しかし，子どもが学校で学ぶことができるようになることは，そうした金額では換算できない大きな価値があります。私たちが，学校という教育現場で行政職として配置されて就学援助業務を遂行する上で，忘れてはいけない大切な視点です。

33 就学援助業務で配慮すべきポイント

> **ここがポイント！**
>
> 就学援助業務を担う際には，就学援助の趣旨である就学の機会保障の意識を念頭において，保護者や児童・生徒のプライバシーに配慮し，劣等感を抱かせないように細心の注意を払う。

就学援助で注意すべきポイント

　就学援助の業務は，要保護世帯に関するものと，準要保護世帯に関するものがあります。要保護世帯に関する業務の多くは，首長部局の福祉担当で行われることもあり，学校事務職員が担う際には，一般的には準要保護に関する業務の割合が高いため，ここでは主に準要保護を念頭に置きます。もっとも準要保護に関する業務を担うといっても，実際の業務には市町村によって大きな差異があります。具体的には，各学校で就学援助世帯の認定を決定できる市町村から，学校で行うのは単に制度の周知だけで，手続きは市町村役場に出向いて行うという市町村まで，といった開きがあるようです。

　こうした差異がある中でも，就学援助を担うにあたり共通して留意すべき点があります。根本的には，経済的理由によって就学が困難な児童・生徒に対して，市町村は必要な援助を与えなければならないという学校教育法第19条の趣旨をふまえた上で，勤務する市町村の制度について可能な限り理解し，周知・説明をすることです。また，可能な限り世帯状況の把握につとめて，希望する該当世帯は，もれなく制度を利用できている状態にしなくてはなりません。また，経済的な給付を伴う業務ですので，可能な限り速やか

第5章　お金がかかわる教育環境整備

に事務処理を行い，担当段階での提出忘れ等がないように，細心の注意を払うべきです。

プライバシーへの配慮

　就学援助にかかわる情報は，指導や学校徴収金にかかわる情報と並んで，最も配慮が必要なものです。それは，プライバシーの点から保護されるべきなのは言うまでもありません。加えて，プライバシー保護への不安が保護者側にあると，申請へのためらいにつながりかねません。そして，なにより，プライバシーが十分に守れなかった場合に，児童・生徒に劣等感を抱かせ，気持ちを傷つけることにつながりかねません。ですから，学校の地域性や事情を踏まえた中で，細心の注意を払うべきです。

　例えば，名簿等の保管の注意はもちろん，就学援助世帯の集金額が異なる場合には，児童・生徒全員に配布するプリントに加え，就学援助世帯の児童・生徒には減免される内容を知らせるプリントを用意し，それを別のタイミングで封筒に入れて配布もしくは郵送するといったことが一般的に行われているようです。

　また知人の学校事務職員には，保護者に配布するプリントは経費節約のために使用済封筒の宛名面に紙を貼ったものを使用しているが，就学援助の関係は劣等感を抱かせないために，新品封筒を用いるとしている方もいます（普段と違う取扱いは，かえって目立つかもしれませんが）。

　逆に，ある中学校では，準要保護の申請書を希望する世帯が50件以上になるので，業務の効率化のために入学受付登校日の下校前に，希望する世帯の生徒が職員室内に並んで学校事務職員から申請書を受け取っていたそうです。生徒の心情を考えると行ってはいけないことですが，現にあった対応であることを肝に銘じ，常に児童・生徒の立場や想いを考えて業務を遂行しています。

34 保護者がわかる文章作成

ここがポイント！

学校事務職員も，就学援助や学校徴収金などの場面で保護者に周知文書を配布することがあるが，その際には様々な保護者がいることを想定し，さらに誰もが理解できるように簡潔な文章を書くことに注意する。

誤解された「再提出」のお願い

　以前，小学校に勤めていた時に，ある世帯が12月になっても学校徴収金が一度も支払われず，8ヶ月分となった学校徴収金（給食費含む）の未納総額は3万円を超えていました。この世帯は，年度当初に就学援助（準要保護）の申請書が受付窓口である学校に提出されたのですが，必要添付書類である収入証明書類が付いていなかったため，メモをつけて返却しました。結局，再提出がないまま一般世帯扱いとなっていたのです。

　一般世帯である以上，困窮状態にはないと類推して，督促のために世帯を訪問しました。そこで目の当たりにしたのは，トタン屋根が著しく錆つき，玄関ガラスにヒビが入ったままの築50年前後の平屋であり，困窮状態は明らかでした。玄関に入ったところ，母親は，財布の中の全財産である1万円を納入してくれました。私は納入への謝意を伝えた後に質問をしました。

　「昨年度は就学援助を受給されていましたが，今年度は手続きをされていません。家計の状況が好転したのでしょうか？　状況が変わらないなら，今年も受給できるはずです。そうなると，給食費分はお支払いいただかなくて

第5章 お金がかかわる教育環境整備

もよくなるので，月々のお支払い金額が4,000円程度から1,000円程度になります。差し支えなければ，現在の家計の状況をお話しいただけませんか？」

母親の答えを聞いて愕然としました。

「主人の仕事が減り，家計の状況はさらに厳しくなっていて，本当は就学援助を受給したかったのです。それで，まず生活保護の申請に役所に行きましたが，必要な書類がそろってないと何度も言われてしまって，そのうち諦めてしまいました。次に，就学援助を学校に申請しましたが，申請書類が戻ってきて，認定になりませんでした。」

この後，この世帯は就学援助の申請を行い，認定され，学校徴収金の納入も定期的にされるようになりました。

プロの行政職であるなら，行政専門用語を使わずに相手に伝える

私は，収入状況を証明する書類を付けて再提出するようにメモをつけて返却したのですが，母親は否認定の結果と誤解したのです。私のメモを誤解した母親が悪いのではなく，伝わりづらい内容のメモをつけた私がプロとして未熟だったのです。この件で私は，学校や行政から配布・連絡する文書やメモを読み手にわかりやすくする必要があることを痛感しました。また，本当に社会保障（要保護，準要保護）が必要な方々にも，適切な情報の提供がなされていないため，保障が行きわたらないことがあることを認識しました。

ですから，学校事務職員が，準要保護の手続きや学校徴収金にかかわる保護者への文書を作成・配布する際には，できるだけ平易な言葉を用いて，簡潔に要件のみを書き，読み手が確実に理解できることを第一にするべきなのです。

COLUMN 5

学校評議員から
離任時にいただいた手紙

　中学校に勤務していた時に，事務職員の加配を受けたことで地域連携の担当者として業務を経験する機会を得ました。その際に，注意したのは，地域の方々が学校に期待するのは，地域振興の役割ではなく，子供の質の高い学びと育ちであり，学校と地域の連携はそれを目指しているものでなければならないという点です。

　離任の際に，学校評議員Ｈ様からいただいた手紙には，この間の学校，地域，子供の変化が記されていたので，一部を紹介します。

　普通のレベルだった学校が，進学校にたくさんの入学者を送り出すようになったとマスコミで紹介されるような変化も素晴らしいです。でも，私は，普通のことを普通のこととして，良いこと，悪いことを地域，学校，大人，子供，みんなが互いに確認し合いながら，一緒に学校や地域を盛り立てていく空気が，この５～６年で（校舎改築と学校事務職員の加配による地域と学校の連携強化を契機として）この中学校区に生まれたことを，より高く評価します。

　私たち地域に住む人間は，過去には，問題行動があれば学校にクレームをつけて，おしまいという姿勢であったと思い出しています。私が保護司を始めた15年くらい前には，学校と地域やＰＴＡにはお互いに壁があったのが，５年ほど前から少しずつ「空気」が変わってきたことを懐かしく思います。

　この「『空気』が変わる」，そして「子供が，そして地域が育つ」，その結果として「学校全体の教育力が上がり，地域からの評価が上がる」というこの間の経過は，「すごい」ことだと感じています。

第6章

地域とともにつくる
より良い教育環境

35 学校に広報業務が必要なわけ

> **ここがポイント！**
>
> 学校が保護者や地域住民から理解を得て，信頼を高めるためには，日々の教育活動の様子を積極的に発信・広報することが効果的である。今後，広報の重要性はさらに増していくことを認識するべきである。

学校が理解を得るために

「地域に開かれた学校づくり」というキーワードの下では，保護者や地域住民について，学校が説明責任を果たすべき相手と，ボランティアなどの学習支援を行ってもらう支援者という2つの役割が打ち出されました（その後，さらに「地域とともにある学校づくり」というキーワードに発展し，保護者や地域住民を，児童・生徒の質の高い学びと育ちのための学校の協働者であり，当事者である存在としてとらえるという認識に至りました）。

この流れに呼応して，学校評価制度についても，平成18年度に学校教育法及び同施行規則が改正され，学校関係者評価の実施や公表が義務付けられました。この改正された学校評価制度では，学校としての情報発信が評価項目である場合も多くなりました。

さらに，その評価を行う際の参考資料として活用するために，多くの学校で学校運営について様々な面のアンケートを保護者や地域住民に行うようにもなりました。保護者や地域住民は，学校の様々な取り組み，実践についての認識がないと，そもそもアンケートへの回答ができないことになります。

第6章　地域とともにつくるより良い教育環境

保護者への情報発信や納税者への説明責任という視点に加えて，こうした状況によって，学校における広報の重要性は，増してきたのです。学校の取り組みについての評価や反省は，教職員間でのみ行うものだったのが，保護者や地域住民からも評価を受けるようになったのです。

学校の広報活動

　学校では，工夫をし，特色を活かした様々な教育活動を熱心に行っています。しかし，少し前までは，教員や，ほとんどが教員出身者である校長，教頭の間には，そうした学校の熱心さをこれみよがしにアピールすることについては，聖職者的な意識も相まって遠慮する傾向がありました。熱心に行われている教育活動を，ありのままに保護者や地域の方々に広報し，事実が認識をされるようになると，格段に理解は得られやすくなります。

　特に，今や，学校からの情報発信は，インターネットの普及に伴う学校ホームページなどによって，学校便りなどの紙面を中心にした広報以上に，手軽に頻度も多く行えるようになりました。保護者や地域住民には，学校行事や授業参観日に見せる姿は，児童・生徒，教職員とも，いわゆる「よそ行き」の姿なのではないかという思いがあります。むしろ，日常の校内での児童・生徒の様子を知りたいという思いをもっていることが多いのです。

　そうした中で，例えば，学校ホームページを活用して，日常の校内で見られる児童・生徒が学校生活を笑顔で送っている雰囲気や，教職員が熱心に指導している，教育活動を行っている様子を，速やかに広く周知して，理解を高めていくことに取り組まない手はありません。「（子供たちが）楽しそうに学校生活を送っている」「学校の先生方は，一生懸命やっている」という理解は，保護者や地域住民の，学校への信頼向上につながるのです。

89

36 学習環境整備に役立つ学校情報の発信

> **ここがポイント！**
>
> ホームページや学校便りによる学校情報の発信は，学校事務職員が行政職としての強みを活かせる業務である。さらに，カメラを持って指導の現場に入ることによって，財務等の業務に有益な情報も得られる。

学校事務職員と広報活動

　80年代前後の校内暴力問題に端を発して以来，いじめ問題，学級崩壊問題と，社会問題とされるような問題が連続して起こりました。これらの問題では，学校の閉鎖性への批判が起こり，学校の信頼が低下しました。また，ここ10年程度の間には，学校評価制度の導入など，学校と地域の関係を変化させる施策転換もありました。いずれも，「学校に対する信頼を如何に向上させるか」という点で，学校からの情報発信が，一層重要なものになったのです。

　一方，ここ10〜15年くらいのうちにインターネットの普及が進み，従来の学校便りを代表とする紙を中心にした情報発信に加えて，学校ホームページによる情報発信も可能になりました。その結果，頻度的にも作業的にも容易に情報発信できるようになり，今や，多くの学校で学校ホームページを用いた情報発信も行うようになっています。しかし，多くの学校では，学校便りや学校ホームページの作成を担っているのは教員です。

第6章　地域とともにつくるより良い教育環境

 学校事務職員が情報発信を担うメリット

　教員養成大学の学長の経験者の方と教員の業務軽減の話をしている時に，その方が「大学では大学事務局の職員が自明のこととして広報業務を担っているのに，小中学校や高校，特別支援学校では，ほとんどの学校で教員が担っているのが不思議である。」と話していました。大学では事務職員が広報を担っているのです。小中学校や高校，特別支援学校でも，学校事務職員が情報発信を担うことが望ましいのは，その行政職としての強みを活かすことができる業務だからです。

　教員が情報発信を行う場合，概して，指導をする立場であるために，保護者や地域住民が知りたい情報より，自らが伝えたい情報の発信に偏りがちになります。一方，学校事務職員は，直接授業を行わないので，読み手である保護者や地域の方々が「欲しい情報」を冷静かつ客観的に把握しやすい立場にいます。自ら授業を行わないために，授業を取材する時間に融通が利きやすいという点もメリットです。

　また，情報発信には，児童・生徒のプライバシーへの配慮はもちろん，肖像権，著作権など法的な知識も必要になります。客観的な視点や，法的知識，文章作成などは，いずれも行政職としての強みが活かせる業務です。

　また，情報発信に必要な画像や映像の撮影のためにカメラを持つことで，学校事務職員は授業や行事の場を覗きやすくなります。学校施設や教材の授業における活用の様子を実際に確認でき，学習環境整備の面からも学校事務職員にとって有益です。

　ですから，学校事務職員が教員の負担軽減という理由で情報発信を担うというよりは，寧ろ，学校事務職員が行政職としての特性を活かせるという理由で情報発信を担うという考え方をするべきでしょう。

91

37 地域・保護者にわかりやすい学校広報

ここがポイント！

学校広報を学校事務職員が担うにあたっては，その良さをいかして，わかりやすい内容とするように心がける。このことで，児童・生徒の様子を理解でき，安心感や信頼感をもたせられる。

学校事務職員が学校広報を担う際の強み

　学校便りや学校ホームページで情報発信を行う学校広報の業務は，学校事務職員が「行政職であること」や「教員でないこと」を強みとして活かせる業務です。実際に，学校ホームページの作成については，学校便りの作成より学校事務職員が業務を担う抵抗感が管理職に少なく，学校事務職員が従事する例も増えています。

　学校事務職員が学校広報を担当する際に，その強みが発揮されるように注意する点は複数あります。

　第1には，保護者はもちろん，地域に住む人全体を読み手として意識して学校広報業務を行うことです。教員が学校広報を担う場合は，どうしても普段から接している保護者や児童・生徒を意識した学校広報となってしまいます。しかし，学校情報を欲しているのは，これから入学してくる児童・生徒や保護者，卒業生などという場合も多くあります。

　また，他県から引っ越してくる保護者が住む場所を探す際に，通学することとなる学校の様子に関心をもちます。実際に，私の経験でも，私が作成した学校ホームページを見て関心をもったという保護者の方が実際に学校見学

第6章　地域とともにつくるより良い教育環境

に来た上で、私が案内し、結果として転入学してきたことがありました。

　第2には、読み手が理解しやすい、平易な言葉を用いた学校広報を行うことです。例えば、「研究授業」という言葉は、教育関係者以外には理解できません。「教職員の授業勉強会」などの表現に言い換えて初めて、関係者以外も理解できるようになります。このような、丁寧に説明をしたり、専門用語を使わないなどの工夫をしたりするのが効果的です。

学校広報を行うことがもたらすもの

　第3には、ホームページによる学校情報の発信の場合に、児童・生徒と保護者との会話のきっかけにできるような記事を載せることです。小学校高学年以上になると、学校での出来事を、保護者に話すことが少なくなります。そうした中で、学校での日々の様子がわかる学校広報にすると、保護者に安心感をもつようになりますし、我が子との会話のきっかけにもなります。例えば、授業についての情報発信する時に、授業の教科名の紹介に加えて、単元名などの学習事項も紹介する工夫をするのです。

　私がかつて中学校で勤務していた時に、会議のために来校した町内会役員の方から「事務室で作ってくれている学校ホームページを毎日見ているので、これからも是非、続けてください。ホームページで学校で勉強していることがわかるので、それを話題のきっかけにして、孫との会話が進むようになっています。」と声をかけられたことがありました。

　以上の点を踏まえた学校広報を重ねていくと、保護者や地域住民に役立ち、楽しみにされるようになり、学校への信頼感が向上することにもなります。

38 学校広報で注意すべき法的問題と正確さ

 ここがポイント！

学校広報は，ミスがあると信頼を損ねたり，大きな事故につながる可能性もある。担当の有無にかかわらず行政職として学校広報の法的な側面や危機管理の面も注意を払うべきである。

 学校広報を担う際には法的問題に注意

　学校広報を担当する際には，肖像権や著作権といった法的な側面に注意すべきです。これらは，学校事務職員が行政職としての強みを活かせる点でもあります。

　保護者の大半は校内での子供の様子を知りたいので，我が子はもちろん，他の子供であっても児童・生徒の表情がわかる情報発信を望んでいます（経験から児童・生徒の表情がわかるホームページかどうかは，アクセス数に如実に影響します）。

　しかし，様々な事情によりプライバシーや肖像権の保護を希望する保護者も，一定の割合で存在します。ですから，入学時や年度初めに，何らかの形で保護者に許諾を得ることが大切です。

　また，学校は児童・生徒への著作権教育を行っていることもあり，著作権についても，十全な対応が必要です。しかし，様々な学校のホームページを見ていると，著作権に対応できていないと思われるケースも散見されます。例えば，自校が取り上げられた新聞記事などを紹介する場合には，一般的には新聞社への許諾手続きが必要ですが，そうした手続きを経ていると思われ

第6章　地域とともにつくるより良い教育環境

るケースは多くはありません。著作権については，他にも，楽曲を取り上げる場合や児童・生徒の作品を掲載する場合にも配慮が必要になります。

 情報の正確さと校内コミュニケーション

　学校便りや学校ホームページを目にする方々は予想以上に多いものです。そして，その内容が充実すればするほど，多くの人が目に留めるようになり，同時に，学校の信頼向上に果たす役割も大きなものになります。ですから，そこで発信する情報が間違った情報だと，逆に信用の失墜につながります。ですから，複数の確認を伴う所定の手続きを経て情報発信が行われるべきです。特に，児童・生徒の氏名を載せる場合には，保護者や本人の同意を得て，そのうえで表記や所属に誤りがないように，特に慎重に対応すべきです。

　また，学校広報を充実させていくと，児童・生徒が学習している現場で撮影を行うことが多くなります。できるだけ授業に支障がないようにしても，嫌がる教員もでてきます。その際には，学校広報が保護者や地域からの信頼向上につながることについて事あるごとに話をするなど，理解を得ることに努めるべきです。

　そうすると，理解をした教員や，保護者からの学校広報への肯定的評価を経験した教員は，取材してほしい授業がある時に，情報提供をしてくれるようになります。また，学校広報で取り上げる学級や教員などに偏りがあると，保護者に不満や不信を感じさせることもあるので，平等に取り上げるように注意することも重要です。

39 学校と地域の連携・協働が必要なわけ

 ここがポイント！

地域との連携・協働を図る理由を，義務的なものとしてとらえると負担感がある。むしろ，学校への理解を高めるという面や，学校を核にして地域力の強化が図られることは，学校にも有益であることを理解し，学校事務職員も担うべきである。

学校が市民の理解を得るために

「地域とともにある学校づくり」というキーワードで，コミュニティ・スクールが推進されています。コミュニティ・スクールとは，保護者や地域などで構成される学校運営協議会を組織して，校長の学校運営に意見を反映させたり，学校と保護者や地域が協働したりしながら，子供たちの豊かな成長を支えようとする学校のあり方です。

また，それ以前には，「地域に開かれた学校づくり」というキーワードの下で，保護者や地域を意識した様々な制度が導入されてきました。平成12年度に導入された学校評議員制度では，「当該学校の職員以外の者である学校評議員が，校長の求めに応じ，校長が行う学校運営に関し，意見を述べることができる」と初めて制度化されました。その後も，学校支援地域本部事業（現在は，地域学校協働本部事業に発展），学校評価制度などが導入されました。

これらの制度は，保護者や地域住民が学校の運営内容について知り，意見を反映させたり，運営に協力したりするという点で，方向性が同一です。し

かし，導入当初は学校側に負担を感じさせたのも事実です。地域との連携を重視するためには，それに付随した様々な広報や渉外の業務が学校に発生したからです。

なぜ，地域との連携が重要なのか

　学校に負担感があっても，なお，地域との連携が重視されるようになったのには，いくつかの背景となる考え方があると思います。
　第1に，学校が公の機関である以上，情報公開や協働を求める保護者や地域のニーズに応える責務があるという考え方です。第2に，保護者や地域へ積極的に情報を発信したり，協働したりする機会を増やして連携を強化したりすることで，学校の現状について理解を得て，信頼の向上を図るという学校への効果をとらえた考え方です。第3に，「社会に開かれた教育課程」の実現を図るためという考え方です。出前授業などでの地域人材等の活用の機会が多くなり，学校と地域との連携・協働は必須です。
　そして，第4は，学校を核とした地域力の強化を図るという，地域への効果を期待する考え方です。少子高齢化に加えて，過疎地は人口減により，また，都市部でも人口流入により，従来から存在していた様々な地域の力が失われるようになりました。地域の教育力の低下によって，従来地域が担っていた，児童・生徒の健全育成や社会教育の部分まで，相対的に学校が期待されるようになりました。言い換えれば，地域の教育力の強化が図れると，学校は学習指導の部分により注力できると考えられます。また，小中学校が校区という単位で地域に存在していることを考えると，地域の教育力がしっかりとしているかどうかが，学校の教育活動を行うのに大きな差異を生むことになります。そうした視点で考えると，学校が地域の教育力の強化を図ることの意義が理解できると思います。

40 行政職の強みを活かす地域との連携・協働

ここがポイント！

地域連携担当「教職員」という名称が示すように，学校事務職員もその任に当たることが期待されている。その際には行政職の強みを活かして，連携をより効果的なものとする。

地域との連携・協働を担う学校事務職員

　地域との連携・協働にかかわる業務を学校側で主として担う立場の職員を，地域連携担当教職員といいます。地域連携担当教職員の業務は，地域との総合窓口，学校運営協議会等の地域と学校で行われる会議の運営・調整，地域住民等による学校ボランティアなどの学校支援における連絡・調整などです。

　この地域連携担当教職員に関しては，文部科学省では，かつては「地域連携担当『教員』」としていましたが，「チームとしての学校」の議論が始まった頃から「地域連携担当『教職員』」と変更になりました。地域連携の担当を教員に限るのではなく，学校事務職員が担うことを推進するという意図が理解できます。

　私自身も，かつて勤務していた中学校で，そうした内容の業務を担っていました。具体的には，中学校区内の全ての小学校，町内会と中学校が，同一内容，同一日程であいさつ運動などに取り組むといった地域学校支援委員会の運営庶務や，地域との連携強化の意味ももたせた職業体験学習の事業所との連絡調整を含んだコーディネート，出前授業の窓口，その他，町内会長や地域関係機関などを月1回訪問して情報交流を行うこと，などの業務でした。

第6章　地域とともにつくるより良い教育環境

　また，当時，事務主任であった私と一緒にその任にあたっていた事務職員（主事）のOさんは，その後，近隣市の小学校で，正式に校務分掌で指定されて地域連携担当教職員の業務にあたっています。具体的な業務内容は，中学校で取り組んだものに加えて，学校図書館や花壇等の環境整備などの地域ボランティアとの連絡・調整や，地域行事へ児童が参加する際の調整業務を担っています。同校は市の中心部にあって地域との連携が非常に多く行われているということもあり，地域連携担当教職員としての業務量は多くのものがあるようです。

地域との連携・協働を学校事務職員が担うメリット

　学校事務職員は，教員と違って授業を行うことがありません。地域連携を教員が担うと，どうしても授業時間の制約を受けます。しかし，学校事務職員が担うと，電話連絡や関係者に会いに行ったり，訪問を受けたりする際に，そうした制約は受けません。地域の関係者や事業者は一般的に多忙であり，このメリットは大きなものがあります。

　学校事務職員は，教職員の中では，業務上，一般社会との接点をもつことが多い立場にあります。教員の言葉を地域に伝え，同時に地域の関係者や事業者の言葉を教員に伝えることができます。さらに，地域との連携・協働したイベントの実施には，ヒト・モノ・カネの視点が，通常の授業の実施以上に必要になります。地域連携の渉外業務では，学校事務職員の行政職としての強みを発揮できるのです。

41 児童・生徒のための地域の連携・協働

 ここがポイント！

地域連携業務を担う学校事務職員は，学校の教育や児童・生徒についても理解・把握しておくことが必要。また，地域の方々が，自らのものとして，主体的に学校との連携に取り組めるシステムづくりの視点が大切である。

 学校事務職員が担う際のコツ

　学校事務職員が地域連携を担当する際には，地域との連携の目的について理解し，熱意をもって取り組む姿勢を地域の関係者の方々が感じられるほどの行動が必要であることはいうまでもありません。

　それに加えて，学校と地域との窓口になるので，学校の教育内容の特色や重点に関する理解や，児童・生徒の良さや課題の状況の把握ができていなくてはなりません。地域の関係者が，学校と連携・協働しようとするのは，いうまでもなく，児童・生徒のためにという思いによります。したがって，地域の関係者の方々とのやり取りの際には，教育内容や児童・生徒の状況についての話題がほとんどです。その際に「教員でないため，わかりません」という反応では，理解を得ることや熱意を感じてもらうことはできません。教員と同じレベルとまではいかなくても，教育内容や児童・生徒の状況について，一通りのやり取りができるようになっていることは大切です。

　次に管理職との関係についてです。地域連携担当教職員を学校事務職員が担う割合は，未だ低いです。教員からの登用者がほとんどである管理職にと

第6章 地域とともにつくるより良い教育環境

っては，学校事務職員を担当者にすることに不安があっても当然でしょう。そのためにも，丁寧に報告，連絡，相談を行う必要があります。

　また，一般教員との関係でいうと，学校事務職員が地域連携を担当すると，地域との連携に関することは事務職員の仕事として理解してしまい，重要性について理解しづらくなるという可能性があります。主任層の教員を中心に理解を得られるように適宜情報提供を行っておくとよいでしょう。私自身は，地域関係者とのやり取りがあった場合には，文字化を図り，管理職，主任層教員が見られるようにして，供覧することを原則にしていました。

学校事務職員が担う際に陥りやすい穴

　学校事務職員が地域連携を担う例は現状では少ないため，業務を担うにあたり肩に力が入り，陥りやすい穴があります。私自身，地域との連携強化のためのイベントの実施にあたって，自分が骨を折って少しでも進展させることが生徒のためになると考えて，業務にあたっていました。このときに，私が陥った穴について当時の校長が語った言葉を紹介します。

　「学校と地域の連携を図る際に，注意しなくてはならないのは，学校側が，あまりに多くを担い続けすぎないことだよ。教職員は５年もすれば人事異動があり，その学校には居続けられない。一方，地域の方の多くは，ここに住み続ける。地域と学校の協働によって，地域と学校が力をつけるだけでなく，その『つけた』力を維持できることが，より大事。そのためには，取り組みの開始からある程度の時間が経過した段階で，地域の方々が，主体的に動いている実感をもつようなシステムとなるように築いていくのが重要。そのことこそが，学校が行う地域連携の業務であることを理解して業務を行ってほしい。」

101

42 学校と地域をつなぐ職業体験学習

> **ここがポイント！**
>
> 職場体験学習にかかわる事業所との渉外業務を学校事務職員が担うことは，教員が子供と向き合う時間の確保の面に加えて，学校が地域と結びつく契機となるといった点からも，積極的に検討されるべきである。

 職場体験学習

　かつて勤務した中学校では，市内の平均より高い10%を超える生徒が，入学時に私立中学校へ流出していました。20年以上前の荒れていた印象が根強いことが主な原因であり，学校の現状を公開・発信して改善を図ろうと考えました。そこで，職場体験学習もキャリア教育の視点に加えて，校区内（地域）の事業所で行うことで，学校が落ち着いている認識を広めることをねらったのです。そして，校長の考えもあり，私と加配学校事務職員のOさんで，校区内で事業所の開拓や調整を担うこととなりました。組織を取り巻く諸状況を把握・調整し，改善を講じるというのが行政職であるとして，その面を学校事務職員が発揮するように期待されたのです。

　実際に，職場体験学習先の開拓は，①生徒のニーズ，②安全・安心，③学びの環境，をポイントにして，訪問や口コミによる紹介など様々な手段で行いました。ねらいを定めた事業所に受け入れを切り出す際には，職業観の育成といった職場体験学習の意義に加えて，校区内（地域）で実施をする学校の意図（地域とのかかわりを強める契機としたい）を説明します。また，具

第6章 地域とともにつくるより良い教育環境

体的な体験例を示して不安を減らします。当然ですが，説明する側に曖昧な点があると不安が生じるので，事前の十分な周辺知識の理解が必要です。

受け入れ先事業所からの言葉

　受け入れを依頼したある理髪店では，店主が「理髪業は資格制であるため，生徒に髪を切る体験をさせることはできず，体験させる内容が思いつかない」と不安を訴えてきました。そこで「店内外の清掃やタオルの整理でも貴重な経験となります。髪を切る他にも様々な仕事があるということを学べることも，生徒にとって大切な学びとなるのです」とお話を重ね，受け入れてくださりました。終了後，数週間後に伺った際に，店主の方が「受け入れた生徒さんが，家族と一緒にお客さんとして来てくれました。経営面の有難さもあるのですが，地域の方との出会いのきっかけとできたのが，何より受け入れて良かったことです」と笑顔で話してきたのです。実際には，これと同じような話を，複数の事業者の方からいただきました。

　職場体験学習を校区内（地域）で実施することで，地域での人の交流を生み出し，さらにお金の流れもつくることで，草の根レベルではあっても，まちづくりや地域の活性化につながっています。こうしたことを担う適任者は，地方公務員として地域の活性化も見据えた仕事を行いうる学校事務職員でしょう。

　「まちづくり」のうち，最も重要なものが教育だとも考えられます。子供たちの「学び」と「まちづくり」とをつなぎ，紡いでいくことで，より質の高い学びが実現できるだけでなく，地域の活性化も図ることができる立場として機能を発揮できる可能性が学校事務職員にはあります。職場体験学習の渉外的な業務は，その最たるものの1つであると考えられます。

103

COLUMN 6

新しい学校事務への期待
―「広報」「渉外」への道のり―

　学校事務職員の業務は，従来は給与や旅費，会計処理などの庶務が中心でした。その後，マネジメントの発想によって，学校に配分される予算などで教育環境や授業の質を向上させる財務が，中心的なものとなりました。最近は，給与・旅費等の庶務がICT化によりスリム化され，業務に占める割合が小さくなるなかで，学校を取り巻く状況の変化もあり，新たな業務が期待されるようになりました。

　中教審の各種の答申を見ると，その代表的な業務が，学校ホームページや学校便りの作成を中心とした「広報」と，コミュニティ・スクールを始めとした「地域ともにある学校づくり」のなかで地域連携担当教職員を担ったり，小中連携やキャリア教育などの場面で窓口となる「渉外」です。本書では，こうした状況を踏まえて，「広報」「渉外」業務に比較的，多くの紙面を割きました。

　しかし，現在，教頭や主任級の教員が担っていることが多い広報や渉外の業務を学校事務職員に移行するのは，校長・教頭にも，学校事務職員にも，不安感などの面でハードルが高いようです。実際のところ，私の経験や同様の取り組みを行う周囲を見ていると，まず広報業務のうち，ホームページを担当し，次に学校便りに広げ，その後に，渉外業務を担うようにするのが，校長・教頭にとっては受け入れやすく，学校事務職員にとっても，業務の裾野が徐々に（教職員から保護者，そして地域住民へ）広がることとなり，業務習得のスムーズさや負担感の点でも合理的なようです。

第7章

人と人とをつなぐ
教育環境整備

43 児童・生徒や保護者の声を知る学校評価アンケート

> **ここがポイント！**
>
> 学校事務職員が教育環境整備の業務を進める際に，児童・生徒のニーズを量ると仕事の質を上げられる。学校評価にかかわるアンケートは，そうしたニーズを量るのに適しており活用すべきである。

 児童・生徒や保護者の声を取り入れる

　学校教育の主役は言うまでもなく児童・生徒です。ですから，学校事務職員は，自らの業務において，児童・生徒と保護者が魅力ある学校だと感じるために機能を果たせているかが重要です。そして，児童・生徒や保護者が魅力ある学校と認識するニーズを量るために，様々な方法が実践されてきました。

　児童会や生徒会の代表からの場合も含めて，児童・生徒から直接，ニーズを聞き取るという方法があります。また，アンケートの実施によって，広く児童・生徒のニーズを量るという場合もあります。私も，中学校で校舎改築に携わった折に，全生徒から「新しい校舎に望むこと」のアンケートを行う経験をしました。生徒からの要望の1つに，当時は標準が和式便器だったのですが，使いづらいので，いつも1つだけある洋式便器のブースが混んでいる。だから，洋式便器の割合を高くしてほしいという要望が出され，市当局と調整を図り，実現したことがありました。この時には，実際に使用している生徒だからこそできた要望だと思ったものです。もっとも，アンケートをとる場合，回答した側は反映されることが当然だという認識になりがちですので，その実施については回答への対応などを勘案したうえで実施の是非

第7章 人と人とをつなぐ教育環境整備

を判断すべきです。

学校評価のためのアンケートはニーズ情報の宝の山

　ほぼ全ての学校で実施している，学校評価のために児童・生徒や保護者に行うアンケートを活用して学校事務の改善を図るのは，効果的・効率的です。学習環境や学校施設の整備について，様々なニーズが（場合によっては，学校徴収金にかかわる保護者の要望も含めて）示されていることが多いからです。また，私の経験では，重点的に取り組んだ教育環境の整備については，かなりの確率で，アンケート結果に反映されるという認識です。こうした経験をもてると，業務の士気の維持向上にもつなげられます。

　知人の学校事務職員の中学校では，学校事務職員が中心になって，学校評価のためのアンケートを契機にして設備の改善を図りました。その市の中学校には生徒個人用のロッカーがなく，机の中に持ち物を置いて帰ることも禁止していたために，毎日，全ての授業道具を持って登下校をしていたのです。持ち物が多めの日には10kgを遥かに超え，単に重量だけでなく，安全面や健康面からも課題がある状況だったそうです。

　特に，保護者アンケートでこうした状況の改善を求める声が2年連続で複数寄せられたこともあり，学校事務職員が中心となって，管理職や教務部と調整して，結果的に，透明プラスチックケースを生徒数分用意して教室背部の棚上に並べ，辞書類は置いて帰ってよいことにしたそうです。課題に気付き，校内を調整し，学校事情に合う最善の物品を選択する物品整備まで一連に行うことができるのは，学校事務職員こそのことです。

107

教育委員会事務局や役所などへの学校要望

 ここがポイント！

教育委員会事務局などの行政組織との要望や打ち合せを学校事務職員として担う際には，校長の意向を十分に把握し，行政組織の特性を認識したうえで行うことで，学校事務職員の機能を果たせる。

 校内担当者として学校の要望を伝える

　学校事務職員は，学校側の担当者として，学校施設や教材備品などの関係で教育委員会事務局や首長部局の学校建築の担当課に対して要望を行ったり，打ち合わせを行ったりといった渉外業務を担います。教育委員会事務局の一部には，学校施設改善などの財務や，休務手続きなどの庶務については，教頭もしくは校長としかやり取りを行わない姿勢を示す例もあるようで，教頭の業務適正化や適切な学校の業務分担のあり方を推し進めるべき立場と矛盾があり，残念なことです。

　学校事務職員が教育委員会事務局などとの間の渉外業務を担うにあたっては，管理職の意向の把握が重要です。校長の課題意識や重点，改善策の落としどころ，また，担当者として応えても良い幅（持ち帰るべき幅）について確認しておきます。この部分が曖昧だと，管理職の意に沿わない方向に進めてしまうリスクが高まります。校長としても，担当者として学校事務職員に安心して渉外業務を担わせるためには，重要な点です。

　また，教育委員会事務局なり首長部局側としても，学校事務職員が担当者として校長の意向に沿った内容の要望や打ち合せを行っている心証をもてる

ことは重要なことです。つまり，校長等の考えを理解することは，行政職として学校現場の要望を行政機関に伝えるのに必要なことなのです。

 教育委員会事務局や首長部局との関係で

　教育委員会事務局等と行政組織との間で，学校施設や教材の整備などの要望を行ったり，打ち合わせを行ったりする際には，学校事務職員の強みを活かすべきです。この場合の強みとは，「学校現場を知っている」という点と「行政的な視点をもつ」という点の両方です。

　この両方の視点を備えられた状況で初めて，敢えて学校事務職員が担う強みが活きていることになります。

　「学校現場を知っている」という点では，安全面と学習面からの支障や改善効果がどのようなものかについて関係行政機関に説明できることが必要です。その際には，児童・生徒，保護者，指導する教員それぞれの立場にとってどうなのかということや，それらを踏まえて校長として導き出す考え方について，あらかじめ整理しておくことが大切です。

　「行政的な視点をもつ」という点では，行政組織の特性を踏まえて要望等を行うという認識をもつことが必要です。行政組織が意思決定をするには，法的根拠と予算的裏づけがあるかが，学校以上に重要とされる事柄です。また，前例があるか，前例がない場合には，特別な理由付けができるかという点も重要な事柄です。行政組織は，事務手続き上，「起案書」を庁内で通す際に，認められた法的権限と予算の範囲の中で，平等性を意識しながら調整を行っています。

　ですから，単に学校の状況や立場を一方的に要望したり，打ち合わせで主張したりするのではなく，学校事務職員が行政職としての強みを活かして要望や打ち合わせを行うことで，スムーズに進めていくことができる場面が増えるはずです。

45 信頼を維持する取引業者との関係づくり

ここがポイント！

学校事務職員は，継続的に契約等を担当する立場にあり，取引業者
との関係に疑義を持たれないように細心の注意を払うべきである。
同時に，無理な依頼を取引業者にすることも避けるべきである。

信頼を維持する

　学校事務職員は財務事務担当者として，物品購入や施設維持などの業務で
業者と取引を行う立場にあります。言うまでもないことですが，これらの業
者との間では，疑義が生じるような関係性は厳に慎んだうえで，信頼関係を
築いていくべきです。

　疑義が生じないための様々な方策が存在するでしょうが，私自身は，取引
業者から個人的なものを購入しないようにしています。例外的に，その業者
からしか購入できないものを購入する場合には，他の教職員の目につく場所
で支払いを行うように注意しています。

　こうした注意を払うのは2つの経験からです。1つは，取引業者から提供
されたステープラーの新製品の試供品を使用していた時に，悪気なくある同
僚教員が「事務の人はいいなぁ，試供品をタダでもらえて」と言ったことが
あったからです。もう1つは，職場の懇親会の席で歓談しているなかで「事
務の方々は，私物を（取引）業者さんから購入すると，相当安く購入できる
のですか？」と質問されたこともあったからです。

　つまり，「学校事務職員は契約担当者として，得することがある」と思っ

110

くいる教職員が一部には存在するのです。このように思っている教職員は，不適切な関係を疑っているわけではないでしょうが，何かのきっかけでそれが不信になると，信頼をベースにした仕事ができなくなります。ヒト，モノ，カネを取り扱う学校事務職員にとって，教職員との信頼は非常に大切なことです。

お客様は神様か

　一方，業者に無理を強いることも極力，避けるべきです。例えば，教員のなかには，夕方になってから突然，翌日使用する物品の購入の依頼を行う人がいます。こうした場合には，児童・生徒の安全にかかわるようなものでない限り，私は断ります。その理由としては，こうした時間のない物品の調達は，業者に対して，通常のルート以外で仕入れること，業者の担当者が夜間や早朝に問屋に走るようなことを強いることになり，学校の担当者としては，最善の物品等の選定を行えないことになりかねないためです。このことを教員に説明し理解を得ます。

　また，教員が「突然，モノが欲しいといったとしても，学校事務職員や関係業者は対応してくれる」という認識を持つことは，授業を計画的に行うという意識から遠ざけることにもつながりかねません。

　もちろん，安全にかかわることや学習の理解や深度に大きな影響がある場合には，困難な納期での対応を求めることもあります。そうした場合には，その負担に対する費用を含んだ適切な額を契約額とすることは忘れてはいけません。業者に対して無理を強いることは，別の機会に今回の無理の穴埋めをという意識を芽生えさせかねません。こうした意味からも，学校事務職員が適切，対等な業者との関係に注意を払うことは重要なことなのです。

46 校舎建設は学校事務職員の強みを生かす最高の場

ここがポイント！

校舎建設への関与は，学校事務職員の機能が最も発揮できる業務である。「学び舎」としての存在を絶えず意識しつつも，学校が地域のコミュニティの中核であり，防災機能も有することをバランスよく認識しておくべきである。

学校事務職員が担う際のコツ

　校舎改築は，一般的には設置者である市町村役場の，建築や電気といった技術系の専門職によって設計，監理されて進んでいきます。しかし，学校は児童・生徒が学び育つことを目的とした組織であり，校舎はその目的を達するための施設としての「学び舎」です。少しでも効果的に児童・生徒の「学び」が達成できるように配慮されていることが，最も重要なことです。ですから，そうした目的が達成できるような視点が（特別教室の配置といったものから，コンセントや棚の大きさや位置といったものまで，大小様々な部分で）反映されるように，学校側は必要な要望を行うべきです。

　要望を行う際には，校内の様々な意見を集約し，方向性をまとめて行わなくてはなりません（例えば，特別支援学級，保健室のそれぞれの担当教員から玄関に一番近い場所の設置希望が出ているなかで，そのまま要望することは避けなくてなりません）。ですから，校内を調整して学校の意見をまとめ，市町村役場の職員が理解しやすい言葉にして要望しなければなりません。これらの業務は，学校現場の行政職員である学校事務職員が最も適任です。も

ちろん，学習環境整備を業務として担う学校事務職員がもっている知見も，教職員の動線や，より効果的な学びを可能にする校舎の建築のために活かせるものです。

地域とともにある学校づくりの視点と校舎建設

　校舎は児童・生徒の「学び舎」であることがその存在意義ですが，同時に，地域の共有財産としての「おらが学校」という側面ももっています。現在，校舎は平均40年程度で建て替えられています。文部科学省では，コンクリート及び鉄筋の強度が確保される場合には，校舎の寿命の目安を70～80年まで延ばすことが可能であると考えているようであり，校舎の建設は，地域にとって一生に一度あるかないかの一大イベントです。

　そうした面で，「地域の将来を担う子供たちの学び舎」と校舎建設をとらえつつも，同時に，社会教育や社会福祉との関連を踏まえた地域コミュニティの拠点であり，さらには，災害時には，防災機能を果たす場所としてとらえて検討されるべきです。地域住民が，そうした検討に主体的にかかわる機会をもてると，自ずと我がこととして思いは強くなり，結果的に，その後，学校が「地域とともにある」ために，非常に意義のあるものになります。

　こうしたことを実現するにあたって，地域関係者の意見を調整したうえで学校側の意見と調整し，さらには教育委員会事務局や市町村役場建築課と調整していく役割を担う存在が必要です。その際には，児童・生徒の学び舎という主眼を絶えず踏まえたうえで，調整していく力とそれぞれが理解し合える言葉へ置きかえる力が必要なのです。

　学校事務職員が，専門性を活かしてこうした役割を担う最適な存在として，学校と地域や行政との「つなぎ」の役割—調整・渉外機能—を発揮するべきです。

47 シックスクール症候群への対応

> **ここがポイント！**
>
> シックスクールの症状がある児童・生徒に対しては，安心安全な学校教育環境を整備するという視点が重要。その視点で対応を重ねていくことは，保護者との信頼関係を築く上でも重要。

シックスクールへの対応

　学校は，児童・生徒にとって安全な場所であり，安心して学校生活を送れることは，教育環境整備，学習環境整備を行う上での最も基本的な視点です。したがって，ホルムアルデヒドに代表される様々な有機溶剤が，接着剤や塗料，床用のワックスに含まれる形で学校の施設や備品に使用されているために，一部の児童・生徒に頭痛や湿疹などの症状が出て，登校できなくなるといったシックスクールへの対応は，学校にとって慎重に行うべきものです。特に，学校事務職員の業務との関係で考えると，施設設備の維持管理，備品・教材の整備，学校で使用するワックスの調達といった部分は，学校事務職員の財務事務そのものです。

　もちろん，多くの自治体では，施設改修時に製品安全データシートを公開し，一定量以上の備品の搬入時にはVOC測定を義務付けています。また，使用するワックスの種類や必要な換気時間を定めているところもあるようです。しかし，これらの基準を満たしていても，現にシックスクールを発症する事例が一定程度存在する事実は認識しておくべきです。

第7章　人と人とをつなぐ教育環境整備

 ## 大切なのは児童・生徒の身体

　私自身が校舎改築にかかわったときにも，シックスクールの症状をもっている生徒が存在していました。その際に，校長と相談して行ったことは，生徒の身体は機械ではないので，基準数値にかかわらず具合が悪い場合には可能な対応をすることをモットーにして，学校事務職員の私が，改築の校内担当者として保護者と連絡を密にとって，不安に耳を傾けることでした。

　実際に，保護者の不安の中で対応できるものについては，可能な限り速やかに対応しました。教育委員会事務局の担当者と掛け合って，当時は前例がほとんどなかった製品安全データシートの提供を受けたり，保護者の方と教育委員会事務局職員とで，前年度に改築した校舎にも状況確認に行きました。

　そのような対応を重ねていくうちに，保護者の方も不安感が和らいだのか，学校への理解が深まったのか，学校側にここまでしてもらったのだから，新しい校舎に生徒を通わせてみて，万一，シックスクール症候群の症状が出た際には，転校するのは仕方がないと話すようになりました。

　幸い，実際に改築後に新校舎での生活が始まっても，その生徒は症状が出ないまま卒業していきました。そして，嬉しいことに，数年後，地域の方々の支援を募ったときに，その保護者の方が「あの時は学校に大変お世話になったので，今度は学校にできることをしようと思いました。」といって応募してきてくれたのです。

　学校事務職員は財務事務を担当しているので，VOCの基準値内であれば，安価な物品の調達をしがちです。しかし，児童・生徒の健康に関することには，特に慎重さが求められます。時には養護教諭との連携を図りながら，適切な選択をすることが重要です。

COLUMN 7

「学習環境整備」へのこだわり

　本書では，「学習環境整備」と「教育環境整備」という言葉について異なる概念として記述しました。前者を教室環境や教材などの，より児童・生徒の学習に直結した具体的な整備の概念，後者は前者に加えて，児童・生徒に指導を行うことを除いた学校を取り巻く様々な条件や状況（学校施設の維持管理や学校と地域の連携のための役割など）を整備するといった，より広義な概念としています。

　これらは学校事務職員の業務と不可分のものですが，学校事務職員は，従来行ってきた事務手続き以上に学校現場ごとの教育環境整備の比重を大きくするべきであり，特にその中でも最重視されるべきは，児童・生徒にとって学びと育ちの中心である学習の場，授業の場面における学習環境整備であることを明確にしたいという思いがあります。

　過去には，行政職である学校事務職員は，学習や指導に関する事柄については専門職である教員に完全に任せるべきであるという意識も一部にありました。しかし，教員の専門領域は指導であって，学習環境整備，教育環境整備ではありません。そう考えた時に，学校に配置される行政職として，真に「児童・生徒」を中心に見据えた，その学びへの機能と役割を果たすということの重要性を意識するべきだと考えるのです。

　文科省からは，今後，学校事務職員が，コミュニティ・スクールをはじめとした地域との連携でも役割や機能を果たすことが期待されていますが，その際にも，欠いてはいけない意識だと思います。

第8章

デキる学校事務職員への道

48 教員の理解を得る丁寧な説明

> **ここがポイント！**
>
> 教員の理解を得る際には，可能な限り丁寧な説明を心がける。また，できるだけ「規則でできない」「予算がない」といった表現は避け，その背後にある意図を丁寧に説明すると，理解されることにつながる。

教員への丁寧な説明が信頼をうむ

　教員は主任級から管理職という立場になるに従って，個々の児童・生徒から学校全体を見渡す立場になり，また，その能力も身に付けていきます。一方，学校事務職員は基本的には予算や法規面から学校全体を見渡して業務を遂行し，キャリアを重ねていくにつれて，個々の児童・生徒の学びや育ちを意識できるようになる場合が多いでしょう。しかし，アプローチが異なるだけで，学校のことを考えて業務を遂行しているという点では同じです。こうした考えに立ち，学校事務職員として，リスペクトを教員に払うようになると，教員対応の際に気持ちの余裕ができます。この余裕によって，教員に対して丁寧な対応を行うことができるようになります。

　逆に余裕がない状態では，教員に対して理解を求める際に，「規則上，できない」「予算上，できない」と言ってしまいがちです。しかし，これを言われた教員は議論を打ち切られる感覚になり，指導などで児童・生徒のために必要だという教員の考えを，一層，強く主張することになりかねません。この場合，一旦，教員の話を聞いたうえで，規則や予算上の制約について，

第8章　デキる学校事務職員への道

その趣旨や状況，背景を含めて説明することで，教員も納得する可能性が高まるのです。こうした考え方は，教員だけでなく，現業職などとの関係でも，同じようにとらえられるものです。

時間がかかっても理解されるために

　学校事務職員が丁寧に対応しても，すぐに理解を得られるとは限りません。教員は「現に」「児童・生徒に」「指導する」存在であるため，学校全体を見通して考えることより，児童・生徒と今，どう向き合うかを中心に考える傾向が強く，理解をするまでの時間がかかる場合があるのです。
　中学校に勤めるK事務主任は，色覚異常の生徒が全学級にいることに着目し，学校全体で色覚対応のチョークに切り替えることを考えました。養護教諭，教務主任の賛意を得た後に管理職に話したところ，校長からは切り替え対応を直ちに行うように指示をうけたので，色覚異常がある生徒の状況とその解消という目的について職員会議で周知を図り，切り替えました。
　しかし，色覚対応のチョークは，色覚異常ではない人には赤系の発色が悪く見えるので，切り替え直後には複数の教員が「板書をしづらい」「生徒に見えづらい」とK事務主任に苦情を言ってきました。その都度，K事務主任は色覚異常の生徒が全クラスにいることと，その生徒にとって今回の切り替えがどのような効果があるかを丁寧に説明しました。すると，1か月程度のうちに，苦情を言ってきた全ての教員が「別に赤系のチョークを使わなくても，囲みやアンダーラインの種類の工夫で対応すれば良いことが分かった。これで色覚異常の生徒にとって効果があるなら良いことだと感じるようになった。」と話すようになったのです。
　K事務主任が苦情を伝えてきた教員に誠実に「生徒のため」であることを説明し続けたことで，教員が板書のスタイルを変化させ，自らの経験を通して納得したのです。

49 行政職の視点で行う校長・教頭のサポート

 ここがポイント！

法的な面や予算的な面で教育職出身である校長等の理解を得るのに困難さがあっても，理解を得ること自体が業務であると考えるべきである。例外的に違法な指示に対しては，メンタルヘルス等のためにも明確に断るべきである。

 校長の理解を促してこそ，プロの行政職

　学校事務職は，教育職が多数を占める中の1人もしくは少数の存在です。こうした中で業務を進めるには，行政機関の行政職にはない大きな困難さがあります。行政機関の職員は，ほとんどが行政事務職員か技術職員として採用された行政職で構成されており，法的な適合性や予算的な裏付けを踏まえて上司部下のラインで業務を進めることが組織内では自明のことです。しかし，学校は状況が異なります。ほとんどの校長・教頭は行政職でなく，教育職出身です。ですから，行政職である学校事務職員にとっては，なかなか理解を得られないと感じること（例えば，公費会計などの規則上の制約など）があったり，行政事務手続きにおいて難題を求められたりすることも時として起こります。

　実は，経験の浅いころの私は，学校事務のこうした部分を煩わしく感じていました。しかし，経験を重ねるうちに，教育職出身の校長・教頭も，それまでの教育職としての経験をもとにして，最大限，児童・生徒や学校経営全体のことを考えて業務を遂行しているのであり，行政的な視点が十全ではな

いのは仕方がないと考えるようになりました。

むしろ，その不足を埋める存在が学校事務職員であり，その働きこそが学校経営参画だと考えるようになったのです。そう考えると，校長・教頭が行政的視点を含めた理解や判断を行えるように，資料や情報などを様々な形で示すことが重要な役割であり，校長や教頭が，法的な面や予算的な面を踏まえた理解や判断を行わないとすれば，それは自らが行政職として説明や理解を得る役割を十分に果たせていないということになるのです。

少数職種であるゆえに大切なこと

もっとも，万一，校長・教頭からの依頼や指示が違法な内容の場合については，毅然として断るべきです。一度引き受けると，ズルズルと繰り返すことにもなりかねませんし，以後，転出先の他校でもその校長・教頭は同様のことを行おうとする可能性が高いからです。往々にして，こうした校長・教頭は違法性を軽く考えている場合が多いので，先ずは丁寧にその違法性を説明し，自分と相手を守ることになるという考えを説明することが必要です。

こうした考えを説明して，なおも理解を得られずに，その後の関係が円滑にいかなくなることがあったとしても，それは従来から信頼関係が成り立っていなく，今後も成り立つ関係ではないと割り切るべきです。こうした割り切りができることも，少数職種である学校事務職員には時として必要です。自らを守り精神的に少しでも安定した状態で勤務することが最も重要なのです。

また，人間同士なので，学校事務職員にも校長・教頭にも悪意はないのにもかかわらず，相互理解がうまくいかない場合が，極まれに起こります。その際も，割り切りが必要になることもあると留意しておくべきです。この場合は，校内外の信頼できる人とのコミュニケーションを大切にするべきです。

# 50 職員室の個人情報保護

 ここがポイント！

教職員の個人情報を扱う際には，財務事務などの他の業務にも大きな影響があるので，個人情報やプライバシーに十分な配慮をすべきである。そのために，様々な工夫の講じ方がある。

 教職員の個人情報，プライバシーへの配慮

　学校事務職員は，給与旅費や服務事務を進める上で，生年月日や住所氏名，場合によっては，健康状態や過去の履歴など，様々な教職員の個人情報を取り扱います。児童・生徒の個人情報も同様ですが，個人情報やプライバシーは法的に守られるべきものであるため，それを踏まえて業務を遂行していくことが求められるのは当然です。

　しかし，さらに重要なのは，教職員との信用・信頼関係の面です。教職員が他の教職員に知られたくないという思いを持っている時に，学校事務職員が教職員の個人情報を慎重に扱った対応を行うと，信用・信頼が増していく契機になりますし，逆に，丁寧さが欠けている対応だと，信用・信頼を失っていくことにもなりかねません。

　学校事務職員が学習環境整備などの業務を進める際には，教職員との連携は不可欠です。しかし，仮に教職員が学校事務職員に対して，信用・信頼ができない状態では，スムーズな連携はできず，望ましい学習環境整備は叶いません。学校事務職員は，こうした面からも，教職員の個人情報やプライバシーへの配慮に細心の注意を図る必要があるのです。

第8章　デキる学校事務職員への道

実例から工夫の場面を考える

　例えば，教職員の結婚や離婚の届け出の事務手続きを行う際に，その事実について事務職員と管理職以外の職場には知られたくないと教職員本人が考えているとします。そうした本人の意思を把握した際には，速やかに管理職と共有します。そして，事務手続きを進めるための会話を本人との間で行う際には，十分にプライバシーに配慮した空間で行うようにします。また，実際に届け出書類を受け渡す際には，それらを封筒に入れて渡すなどの工夫が図れます。さらに，提出された後に校内で決裁に回す際には，教頭・校長のところへの持ち回り決裁としたり，内容が他の教職員の目に入らないように届け出書類の上面を紙で覆うなどの工夫を講じるべきでしょう。

　事務室の設置の有無や決裁の方法などは，学校によって細かな差異はあるでしょうが，それぞれの状況に応じた工夫が可能な場面は多くあるはずです。こうした細やかに配慮した事務処理を重ねていくと，自ずと教職員からの信用・信頼は高まっていくものです。

適切な文書管理も個人情報の管理のうち

　学校に保管されている文書には，それぞれ保存年限が定められており，1〜5年の保存年限とされているものがほとんどです。

　しかし，実際には「なにかの参考になるかもしれない」という視点で，廃棄期間を過ぎても保管されている文書が散見されます。それが，教職員の個人情報を含む書類の場合は，個人情報の適切な管理という視点からも確実に廃棄していくべきです。

123

51 学校全体で取り組む個人情報保護

> **ここがポイント！**
> 学校では児童・生徒やその保護者，地域住民などの様々な個人情報を扱っている。学校事務職員は，行政職として校内での個人情報保護のリーダーの役割を担うべきである。

 個人情報のかたまり

　学校には，児童・生徒や保護者はもちろん，学校に関係する教職員や地域住民など，保護されるべき様々な個人情報やプライバシーがあります。その種類も，住所，生年月日，学校徴収金の納入状況や就学援助の受給の有無，児童・生徒の成績・評価，さらには，肖像権や，制作した作品の著作権にかかわるものまで多岐に渡っています。児童・生徒，保護者，地域住民にとって，学校が信用・信頼できる場所であるために，個人情報に配慮し，適切に管理（保管や廃棄も含めて）することは重要なのです。

　特に，児童・生徒の成績・評価情報や学校徴収金の納入，就学援助の受給の状況といった個人情報については，一旦情報の流出があると，児童・生徒の心を大きく傷つける場合も多くあり，取り返しがつきません。ですから，個人情報保護については，学校は組織として不断に取り組むべき事柄です。さらに，個人情報への意識が高まったとはいえ，児童・生徒の作品にかかわる著作権への意識のように，未だ不十分なものもあります。

　これらの点から考えても，学校事務職員が行政職としての強みであるコンプライアンス（法令遵守）の知識を活かして，校内をリードしていく存在に

なるかどうかは，大きな差異をもたらすのです。

 ## 児童・生徒の安全のために

　学校には様々な事情や背景をもって通学している児童・生徒がいます。DVや児童虐待，保護者の経済的事情により，他所から逃れてきているケースや，離婚などに伴って，親権者以外がその子供を待ち伏せして会おうとするケースなど，児童・生徒の安全面にも直結する様々なケースがあります。

　もちろん，こうしたケースを想定して，今やどの学校でも危機管理の側面から，児童・生徒の在籍の状況については，照会の連絡があっても安易に回答せずに管理職が対応するといったルールを決めているでしょう。

　ここで注意しなくてはいけないのが，ホームページや学校便りなどによる情報発信の際の，氏名や児童・生徒の写真といった個人情報の保護についてです。こうした情報発信によって，児童・生徒の在籍が知られてしまう危惧があるのです。しかし，ホームページや学校便りが，読み手に魅力的なものとなるためには，できるだけ具体的な内容を発信することは効果的です。また，ほとんどの児童・生徒や保護者にとっても，自ら（我が子）が掲載されることは「励み」にもなります。

　ですから，児童・生徒の氏名や写真などの個人情報の発信の際には，保護者の同意を得て行うことが重要です。ほとんどの児童・生徒については，掲載の支障がないでしょうから，支障がある保護者の方から年度当初に申し出てもらうといった工夫を講じることが効果的です。今後，学校事務職員が学校広報を担うケースが増えるでしょうし，また，実際に担わないとしても，校内でそうした視点の注意を喚起していく役割を果たすことは重要です。

52 学校事務職員という病

 ここがポイント！

学校事務職員の業務には，少数職種ゆえ陥りやすい罠がある。意識的に自分を客観視して業務にあたることが重要である。

 学校事務職員という病

　学校事務職員は，教員が圧倒的に多くの割合を占める職場で，非行政職の管理職のもと，広範な知識を必要とする業務を担います。それも，自らの業務とはかかわらない児童・生徒や保護者の来訪や電話の対応を行いながら，昼休みもきちんととれないハードな執務環境にあります。特に，小中学校の学校事務職員は，多くが一人配置であり，心的にハードさがあります（ただし，小中学校に勤務する学校事務職員の多くは，一人配置しか経験がなく他の状況がわからないため，そうした点の指摘は大きなものになりません）。しかし，少数職種である学校事務職員ゆえに陥りやすく，注意するべき点があります。それを「学校事務職員という病」として例示します。

１．勘違い病

　他の職種では業務を代わって行えないため大事にされているだけにもかかわらず，自分が重用されていると勘違いをする病。財務事務を担うと，物品購入の可否や業者の選定を行うため，特に陥りやすい。

２．個人事業主になる病

　他校の学校事務職員や校内他職種に学ぶべき点があっても，自分には参考

にできるものはないと考えたり，他者に無関心になったりする病。症状が悪化すると，必要な報告・連絡・相談もなく仕事を進めてしまう。さらに進むと，校内の教員とも地区の学校事務職員とも交流を絶つまでに悪化する。

３．必要十分な仕事をしていると勘違いをする病

　学校事務はヒト・モノ・カネなど組織運営に不可欠な仕事であり，滞ると組織運営に支障をきたすため，教頭や教務主任などが実際には影で担っているのに，その事実を認識できず，自分は暇だ or 仕事が速いと感じる病。

４．教育委員会事務局や管理職の無理解のせいにする病

　他者の成功は，教育委員会事務局や管理職に恵まれただけだと考え，自分に関しては，それらが無理解だと嘆いて時間を過ごす病。多くの場合，成功者以上の努力はしていない。

５．「成果が出るまでには時間がかかる」で済ませてしまう病

　行政や教育にかかわる成果は長いスパンでとらえるべきものであることを理由にして，短・中期的に計測できる成果測定を行わない病。例えば，学校評価にかかわるアンケートも，学校事務には関係ないとして目を通さない。

６．「動き」と「働き」の区別がつかなくなる病

　研修受講自体や事務研・職員団体の活動や組織維持を目的と誤解してしまっている病。学びの質の向上に寄与できているかこそがポイントである。

７．頑張っていれば，それで良いとする病

　成果の客観的把握もせずに，頑張って取り組んだ点だけで他者を賞賛したり，自己の満足を感じる病。学校事務職員としての「頑張り」が，実際に児童・生徒のためにつながった結果をもたらしているかどうかが大切である。

（この項は，北海道教育委員会事務局学校教育局・武藤久慶次長（当時）の講演資料「公務員という病，教育公務員等という病」から着想を得て執筆しています。）

53 他職種から学ぶ毎日の職場内研修

ここがポイント！

学校事務職員は職場内に1人の配置であっても，職場内の管理職，教職員，現業職員などから仕事に対する姿勢やスキルなど様々なことを学べる。そうして，自らの職業上の様々な力を向上していくことが大切。

学校事務職員にとっての職場内研修

　学校事務職員は単数配置であるため，職場外研修ほどには職場内研修（以下，OJT）の効果，重要性について語られてきませんでした。教員の例を考えてみても，研修センターで受講する職場外研修以上に，学年や教科といった教師集団のなかでの示唆・指示や管理職からの指導というなかで成長する糧を得ていくケースが多いでしょう。また，県庁や市役所の一般行政職員も，行政研修センターでの研修より，課や係の単位での係長や主任からの示唆・指示を受けるなかで知識やスキルを向上させていく場合が多いでしょう。

　しかし，学校事務職員は多くが単数配置であり，学校事務職員によるOJTは，成立しない，もしくは，しづらい状況にあります。私自身，採用時から10年間くらいは，教員や一般行政職員と比べて，学校事務職員である自らがOJTに恵まれない状況を嘆いていました。

　30代半ばになったころ，学校事務の研究者の先生とご一緒した時に，こうしたOJTの状況を嘆いたところ，次のような示唆を受けました。

　「OJTは学校事務職員からだけ受けるものだと考える必要はあるかな？

管理職はもちろん，教員や現業職員の働いている様子を観察することなどからも，学べるものは多くあると思う。」

この示唆をいただき，私は目から鱗が落ちる思いでした。自分の周りには，OJTの講師とすべき方がたくさん存在していたのに，もったいないことに，それに気づかないまま時間を過ごしていたのです。

他職種から学べること

学校事務職員以外から学ぶことができるものは，仕事上で役立つスキルや仕事に対する姿勢があります。例えば，メモの取り方や書類の整理の仕方，スケジュール管理などについて，それが得意な教員から具体的な方法，スキルを学ぶことで，効率的な学校事務の処理に活かすことができます。

また，仕事に対する姿勢についても学ぶことができます。私自身の経験ですが，私が担当者として企画した校内研修会の際に女性職員（女性用務員や事務生，市町村費事務員と呼称されたりする）がとった行動が私の記憶に残っています。彼女には予め講演後に控室にコーヒーを持っていくことを依頼していたのですが，彼女は，冷蔵庫で冷やしたおしぼりと冷たい麦茶もコーヒーと一緒に持っていったのです。なぜそうしたかについて彼女に聞いたところ，予想以上に会場が暑くなり講師が汗ばみながら講演をしている姿を見たので，当初の指示とは異なるが，講演中に抜け出しておしぼりを冷蔵庫に冷やし，麦茶の用意をしたということでした。涼を感じられたことに講師の先生も非常に喜び，感心していました。

正直なところ，私が同じ業務を担うとして，そこまでの気を回せるとは思えず，彼女の職業人としての意識の高さに感嘆し，自らが業務を遂行する際にも，同じような意識であたりたいと感じました。このように様々な場面で，学校事務職員以外からも，仕事への姿勢やスキルを学ぶ機会があるのです。

54 学びに貢献するための職場外研修

ここがポイント！

職場外研修は重要であるが，ほとんどの学校事務職員は単数配置であるため注意すべきポイントがある。学校事務職員の研修は，それによって児童・生徒の教育環境の質を高めることにつなげていくことが重要である。

学校事務職員が気を付けるべき研修受講にかかわる落とし穴

　単数配置がほとんどである学校事務職員にとって，職場外研修（以下，研修）は，スキルや知識の習得のためにも必要ですし，士気の維持向上にも効果があります。学校経営に参画するためには，児童・生徒が学ぶ学校現場の行政職として広範な知識が必要であり，益々，研修は重要になっています。

　そうしたなかで，単数配置がほとんどである学校事務職員の配置上の特殊性により，研修にかかわって特に気を付けなくてはいけないことがあります。

　それは，研修の受講は手段であって目的としてはいけないということです。このことについて，研究者の方が，ある時，新採用学校事務職員に向けた研修のなかで次のように語っていました。「社会人が勤務時間中に研修を受けるということは，お金をもらって研修を受けているということです。これまで学生としてお金を払って授業を受けていたのとは，全く異なるものなのです。お金をもらって研修を受講しているということは，研修がためになったというだけでは，成果として不十分なのです。研修で得たものを各職場で活

かして，なんらかの貢献ができた時に，ようやく研修の成果があったといえるのです。」この言葉は，私自身の大きな戒めになりました。単数配置という状況は，同一職種の同僚がいないということで孤独です。また，職場改善を進めようとしても，同一職種には取り組む仲間がいないなかでは，取り組むことすらハードルが高い場合も多々あります。そうしたなかで，ややもすると，研修の受講を重ねることで，あたかも自分で取り組んだように無意識のうちに思ってしまいやすいのです。研修の受講によって，士気向上を図れることは事実ですが，そのことは研修受講の目的として十分ではありません。児童・生徒の学びの質の向上のために，研修での学びが少しでも貢献することにつながっていることが大切なポイントです。

研修を受けることは大事

　県庁や市役所の一般行政職員は，数年毎にある人事異動で，生活保護や徴税，戸籍など様々な業務を担うことになります。しかし，学校事務職員の場合は，学校経営への参画という視点がないまま会計や庶務の事務処理だけが業務であると理解していると，ほぼ同じ業務を担い続けることになります。結果的に，日々の業務はルーチンワーク的になり，士気の維持が困難になりやすい状況にあります。

　学校事務職員が自らの業務をルーチンワーク的なものととらえた時，すぐに業務には支障が生じないために，研修に参加しなくなる場合があります。一度，そうした状況にはまると，単数配置がほとんどである学校事務職員は，他の学校事務職員との比較もできず，職場内での他の学校事務職員からの働きかけもないため，なかなかその状況から抜け出せなくなります。しかし，こうした状態では，児童・生徒にしわ寄せがいってしまいます。その学校の児童・生徒の教育環境整備に，学校事務職員の強みが活かされないからです。そうした状態に陥らないように注意しなくてはなりません。

131

55 若手学校事務職員の成長の姿

> **ここがポイント！**
>
> 単数配置になることが多い学校事務職員が，若年期に成長するには，謙虚さや丁寧さに加えて，特に甘え上手で，校内外の教職員からかわいがられる力が特に重要である。

若手学校事務職員の成長とその過程

　採用3年目の女性学校事務職員Kさんは，大学卒業後，新卒で採用されました。最初の2年間は複数校の中学校に配置されて，同校の事務主任から，経理や給与旅費などの事務処理を学びました。採用当時のKさんには，職員会議の場などで話すといった苦手な業務もありましたが，持ち前の素直さがあるため，事務主任はもちろん，管理職や教職員から様々なことを教えられ，Kさん自身，それを吸収していったのです。

　採用3年目になって，これまでとは大きく異なる単数配置の小規模小学校に異動になりました。最初は学校種や規模の違いによる仕事の違いに戸惑いましたが，持ち前の素直さによって，管理職，主任層教員や現業職員からも気にかけられ，そこでもKさんは仕事を吸収し，1学期が終えました。

　2学期になり少し余裕のできたKさんは，学校を少しでも良くするような働きをしたいと考えていました。ちょうどその時に，近隣校で，ICT機器の授業での効果的な活用をテーマにした校内研修会が，特定非営利活動法人から外部講師を招いて行われると聞き，参加しました。

　研修内容に感銘を受けたKさんは，終了後に講師の方に挨拶に行き，「自

第8章 デキる学校事務職員への道

校でも広く共有したい内容なので，校内研修を実施したいと思いました」と伝えると，講師の方は，都合があえば旅費謝礼も不要で研修を行ってくれると話をしてくれました。しかし，採用3年目の立場を考えると，いきなり言い出すのは難しいことです。そこで，研修の翌日にすぐ，詳細な研修内容報告を作成し，管理職や研修担当の教員に共有しました。その時の感触が良かったので，研修会の実施を教頭に切り出しました。すると，共有した研修内容報告を覚えていて賛意を示してくれ，続けて，研修担当の教員にも声をかけてくれました。研修担当の教諭も研修内容報告を覚えていてくれて，校内研修会の実施に賛成してくれました。

　Kさんは，採用3年目にかかわらず，校内研修の実施にかかわり研修講師との窓口を担い成功に導きました。

「素直」「かわいがられる」「謙虚さ」「丁寧さ」

　Kさんは，周囲の温かい思いのなかで学校事務職員として順調に成長しているのがわかります。これは，Kさんが素直で前向きであるため，学校事務職員はもちろん，他職種からも様々なことを教えられているからだと思われます。換言すると，良い意味での「甘え上手」であり，かわいがられているのです。この能力は，単数配置がほとんどである学校事務職員としては，自らの成長のために特に重要な能力になります。

　また，自校でも研修を実施したいと思った際にも，その思いは曲げないままに，自らの経験年数の浅さを考慮して，最初に研修内容報告を作成した点も望ましいです。ここで丁寧に研修内容報告を作成したことで，若年として相応しい前向きさと謙虚さ，そして熱意が周囲に伝わったのです。

おわりに

　130ページを超える拙文を最後までご覧いただいた読者の方に最初に感謝申し上げます。実は，今回の発刊の企画をいただいた時に，一度，お断りをしました。なぜなら，私自身が採用後25年近く経過してもなお，決してスムーズに学校事務をこなせるわけでもないなかで，全国の学校事務職員の中には「学校事務職員の仕事術」というテーマを発刊するに相応しい実践を行っている方々が多く存在し，執筆者として分不相応だと考えたからです。

　それでもなお最終的にお引き受けしたのは，3つの理由があります。1つ目の理由は，私のように特に資質や能力が高いわけでもなく，ICTにも堪能なわけではない存在だからこそ，汎用できるヒントを与えられるかもしれないと考えたからです。私自身，これまで優秀な学校事務職員の実践に複数，接してきましたが，その学校事務職員の方々の高い資質や能力が前提になっている実践ゆえ，知れば知るほど「気おくれ」のような感情が芽生え，自らは実践することは難しいと感じることがありました。本書では，資質や能力ではなく，発想や視点を変えることで取り組める内容を中心にすることで，拙稿を発刊する意義が多少は存在すると考えました（それゆえ，資質や能力の高い読者の皆さんや，学術的なレベルでの理論やデータを書籍に求める読者の皆さんにとっては，物足りない内容であったかもしれません）。

　2つめの理由は，学校教育法の事務職員の規定が「事務をつかさどる」と改正されたからこそ，「つかさどる」内容として，大切なもの，中心となるべきものを再確認したいからです。本文やコラムの中でも繰り返し述べてきましたが，学校の様々な機能の中で，最も大切であり重要なのは，児童・生徒の学びと育ちであり，その中心は授業であると考えるなかで，そのために学校に勤務する行政職として行うべきこと，行いうることについて，整理する機会としたかったためです。

3つめの理由は，私は学校事務職員として，これまで幸運に恵まれ，様々な方々との出会い，多くのことを経験し，学ぶ機会を得てきたので，それらを多くの学校事務職員の皆さんと共有することで，ご指導等をいただいてきた方々に報いたいという思いを持ったからです。

　採用以来，学校教育や教育行政をはじめとした学校事務職員にかかわる研究者，文部科学省や北海道と札幌市の教育委員会事務局の教育行政関係者，学校事務職員の様々な研究団体や職員団体の関係者，さらには所属校長などの方々から多くのご指導をいただきました。また，所属する学校や事務研では学校事務職員を始めとした仲間から，勤務時間外にも及んだ多岐にわたる協力や示唆を得る機会を得ました。それら全ての方々に感謝の印としたいという思いです。

　特に，国立教育政策研究所の藤原文雄総括研究官には，10年以上前に知遇を得て以来，一貫して私の学校事務職員としての業務や事務研究会での活動などの場面で，多岐にわたるご指導をいただいてきました。また，兵庫教育大学大学院の日渡円教授には，現在の研究者や前任の教育長という行政官の立場としてだけでなく，なにより学校事務職員の先輩として，時に触れて厳しいご示唆をいただいてきました。さらに，教育行政の関係者の中には，従来の学校事務の範囲にとらわれない幅広い研修の機会を与えてくださった方もいます。そのことで視野を広げることができ，学校事務職員のあり方を見つめなおすことができました。

　本書の多くの内容も，これらの方々の指導や示唆などをもとにしているものであり，改めて感謝を申し上げます。

2018年1月

坂下　充輝

【著者紹介】

坂下　充輝（さかした　みつあき）

1971年北海道札幌市生まれ。大学卒業後，1994年に札幌市学校事務職員として採用後，小学校，中学校，高校，教育委員会事務局で勤務。2016年4月から札幌市立北野平小学校に勤務。
日本教育事務学会理事（2016年12月〜）

【著作等】

月刊「学校事務」連載（学事出版）2013〜2014年度「学校事務職員でできること，学校事務職員ができること」，2015年度「実践者⇔研究者　往復書簡」，日本教育事務学会年報第4号「ドイツ・ベルリン州 JOHNNA-ECK-SCHULE におけるスクールソーシャルワーカーとその業務について」（2017年12月），ほか

【学会発表】

いずれも日本教育事務学会にて，「学校間・地域間連携と学校事務〜渉外事務による学校事務職員の可能性〜」（2013年第1回大会），「今日的生徒指導において果たす事務職員の機能」（2014年第2回大会）

結果を出してやりがいを実感！
学校事務職員の仕事術

2018年3月初版第1刷刊　Ⓒ著　者	坂　下　充　輝
2019年11月初版第3刷刊　発行者	藤　原　光　政

発行所　明治図書出版株式会社
http://www.meijitosho.co.jp
（企画・校正）広川　淳志

〒114-0023　東京都北区滝野川7-46-1
振替00160-5-151318　電話03(5907)6704
ご注文窓口　電話03(5907)6668

＊検印省略　　　組版所 株式会社アイデスク

本書の無断コピーは，著作権・出版権にふれます。ご注意ください。

Printed in Japan　　ISBN978-4-18-171840-4
もれなくクーポンがもらえる！読者アンケートはこちらから →